# Régime Méditerranéen

Guide de démarrage et plan d'action pour réduire le risque de maladies cardiaques avec des recettes éprouvées

**Par** *Abigail Murphy*

Pour plus de livres intéressants, visitez le site :

**EffingoPublishing.com**

# Télécharger un autre livre gratuitement

Nous tenons à vous remercier d'avoir acheté ce livre et vous offrons un autre livre (aussi long et précieux que celui-ci), "Les erreurs de santé et de conditionnement physique que vous ne savez pas que vous faites", entièrement gratuit.

Visitez le lien suivant pour vous inscrire et le recevoir :

www.effingopublishing.com/gift

Dans ce livre, nous allons examiner les erreurs les plus courantes que vous faites probablement en ce moment dans le domaine de la santé et de la forme physique, et vous montrer comment vous pouvez rapidement retrouver la meilleure forme de votre vie.

En plus de ce cadeau précieux, vous aurez également la possibilité d'obtenir gratuitement nos nouveaux livres, de participer à des concours et de recevoir d'autres courriels utiles de notre part. Une fois de plus, visitez le lien pour vous inscrire :

www.effingopublishing.com/gift.

# TABLE DES MATIÈRES

Introduction ................................................... 8

Chapitre 1 : Qu'est-ce Que Le Régime Méditerranéen ? ................................................... 11

Avantages du régime alimentaire méditerranéen ...... 13

Chapitre 2 : Commencer Le Régime ............... 20

Votre liste de courses pour le régime méditerranéen : votre chemin vers la cuisine méditerranéenne .................. 20

Préparation d'un nouveau régime alimentaire : comment garantir le succès ........................................... 25

Faites cuire vos aliments. ................................... 26

Foire aux questions sur le régime méditerranéen ...... 31

Chapitre 3 : 52 Recettes Faciles Et Éprouvées Du Régime Méditerranéen Pour Un Cœur Sain ... 38

Petits déjeuners .................................................. 39

Bol à œufs et quinoa ......................................... 40

Scones de la Méditerranée ................................ 43

Toasts aux haricots et aux tranches ..................... 47

Avocat tostada ................................................. 50

Oeufs pochés à la poêle ..................................... 52

Omelette aux oeufs avec brie et lard ..................... 55

Du gruau pour la soirée .................................... 58

Bol matinal de pois chiches et de concombres ...........60

Rouleaux d'œuf farcis au jambon ..............................63

Œufs brouillés aux épinards et aux framboises ..........66

**Salades** .................................................................**69**

Salade d'épeautre.......................................................70

Salade de pois chiches et de courgettes ....................74

Salade d'artichauts à la provençale............................77

Salade bulgare............................................................80

Salade grecque facile .................................................86

Salade de roquette aux figues et aux noix .................89

Salade de chou-fleur avec vinaigrette au tahini .........92

Salade de pommes de terre méditerranéenne ............95

Salade de quinoa et de pistaches ...............................98

**Soupes** ...............................................................**101**

Soupe au poulet Avgolemono ...................................101

Soupe à la tomate et aux lentilles ............................104

Soupe de légumes et de quinoa ...............................108

Soupe de poisson .....................................................111

Soupe de pommes de terre ......................................114

Soupe au poulet et au citron ....................................117

Soupe aux haricots blancs et au chou frisé ..............120

Soupe aux crevettes, tomates et riz .........................124

Soupe de poires et de citrouilles..................127

Soupe au houmous ..................130

**Plats principaux** ..................**133**

Pommes de terre et courgettes au four ..................134

Saumon grillé avec carottes, betteraves et oranges ....137

Saumon au citron sur un lit de haricots de Lima..................140

Moussaka aux légumes..................143

Moules avec olives et pommes de terre..................147

Poulet au citron ..................151

Aubergines et aneth dans une sauce au yaourt..................154

Côtelettes d'agneau grillées avec des feuilles de menthe 157

Pois chiches et épinards ..................159

Saumon grillé avec olives et thym..................161

Pizza au chou-fleur dans une sauce grecque au yaourt et au pesto..................164

Boulettes de viande de dinde Gyro..................169

**Desserts**..................**173**

Crème aigre aux baies et crème aigre aux baies..................173

Salade de fruits rouges à la vanille et au sirop de citron 176

Pudding au yaourt de Chia ..................179

Pommes et noix avec du yaourt à la crème fouettée...182

Yogourt granola à la pistache ..................................................185

Raisins et fromage de chèvre aux baies de blé ...............188

Salade arc-en-ciel ..........................................................................191

Quinoa au gingembre et aux bananes .................................193

Yaourt glacé à la feta ..................................................................196

Crêpes au yaourt et aux baies .................................................198

**Chapitre 4 : Votre Plan Alimentaire Méditerranéen De 14 Jours** ......................................................................................**201**

L'importance de la planification des repas : élaborer votre plan de repas pour le régime méditerranéen ......................201

Semaine 1 : Plan alimentaire méditerranéen ..................204

Semaine 2 : Plan alimentaire méditerranéen ..................211

Lignes directrices pour l'élaboration d'un plan de repas 223

**Conclusion** ..............................................................................**227**

**Derniers Mots** ........................................................................**229**

**À Propos Des Co-auteurs** ...............................................**231**

# **INTRODUCTION**

Vous êtes ce que vous mangez. Les choix que vous faites sur ce que vous mettez dans votre assiette définissent le type de vie dont vous profitez.

Le mode de vie méditerranéen est plus qu'une simple nourriture, c'est un mode de vie. Ce livre vous fournira des stratégies qui rendront votre voyage et votre transition relativement faciles. Plus qu'un livre de cuisine, il sera votre guide et votre compagnon dans votre voyage vers la victoire. Il comprendra plus de cinquante recettes faciles à suivre et un plan de repas de deux semaines pour vous mettre sur la bonne voie.

---

*"Une alimentation saine est une solution à bon nombre de nos problèmes de santé. C'est la solution la plus importante.*

John Mackey

Avant de commencer, je vous recommande également de vous inscrire à notre bulletin d'information électronique pour recevoir des informations sur les nouveautés ou les promotions. Vous pouvez vous inscrire gratuitement et, en prime, vous recevrez un cadeau. Notre *livre* "Santé et conditionnement physique : Les erreurs que vous ne savez pas que vous faites" *!* Ce livre a été écrit pour démystifier, exposer les choses à faire et à ne pas faire et enfin vous fournir les informations dont vous avez besoin pour être au mieux de votre forme. En raison de l'énorme quantité de fausses informations et de mensonges véhiculés par les magazines et les "gourous" autoproclamés, il est de plus en plus difficile d'obtenir des informations fiables sur la condition physique. Vous n'avez pas besoin de passer par des dizaines de sources biaisées, peu fiables et peu fiables pour obtenir des informations sur votre santé et votre forme physique. Tout ce dont vous avez besoin pour vous aider a été décomposé dans ce livre afin que vous puissiez le suivre facilement et obtenir des résultats immédiats pour atteindre les objectifs de forme physique souhaités dans les plus brefs délais.

Une fois de plus, pour vous abonner à notre bulletin d'information électronique gratuit et recevoir un exemplaire gratuit de ce précieux ouvrage, veuillez consulter le lien et vous inscrire dès maintenant :

www.effingopublishing.com/gift

# Chapitre 1 : Qu'est-ce que le Régime Méditerranéen ?

Les racines de la cuisine méditerranéenne ne peuvent être attribuées à un pays ou à une culture en particulier, mais aux premières civilisations du monde qui ont entouré la mer Méditerranée. Grâce aux échanges qui ont eu lieu, ce régime s'avère être une collaboration massive entre l'Europe, l'Asie et l'Afrique.

Le climat qui entoure ces régions contribue à la chaleur caractéristique de la cuisine et à la sensation de soleil. Elle implique l'utilisation de nombreux fruits, légumes, céréales complètes, noix, haricots et graines. L'huile d'olive est l'ingrédient le plus important car les oliviers sont abondants dans la région. En plus de ses bienfaits pour la santé, il donne aux plats un goût, une fermentation et une acidité uniques.

L'intérêt mondial pour le régime méditerranéen n'est apparu que dans les années 1960. Au cours de cette période, on a constaté une augmentation notable des décès dus aux maladies cardiaques, mais les niveaux étaient considérablement plus faibles dans les pays méditerranéens. Depuis lors, ce régime est recommandé comme guide diététique pour les patients souffrant de maladies cardiaques et est hautement reconnu par l'Organisation mondiale de la santé (OMS) en raison de sa durabilité.

# Avantages du régime alimentaire méditerranéen

Il existe de nombreuses possibilités de régimes alimentaires pour tout le monde. Ces options peuvent être assez écrasantes, et il est donc courant que les gens plongent dans des modes d'alimentation qui ne semblent prometteurs qu'en surface, mais qui n'offrent pas beaucoup de valeur.

Un régime méditerranéen pour débutants est plus qu'un programme de perte de poids. Lorsqu'il est appliqué correctement, il s'agit d'un mode de vie transformateur qui peut améliorer et renforcer votre vie. Pour mieux comprendre cela, voici une discussion détaillée sur les avantages de l'adoption d'un mode de vie méditerranéen :

**1. Garde les muscles forts et agiles.** Il est naturel que le corps se détériore lentement avec l'âge. L'adhésion prolongée au régime méditerranéen entraîne une diminution significative de la faiblesse et de la fragilité musculaires, ce qui permet de rester actif et agile même avec l'âge.

2. **Il prévient l'apparition de maladies cardiaques et d'accidents vasculaires cérébraux.** Les bienfaits au cœur du régime méditerranéen sont dus à l'exclusion des aliments transformés, de la viande rouge, du pain raffiné et des liqueurs dures du régime. Le mode de vie dépend davantage de ce que vous mangez, de sorte que votre cœur est protégé contre les dommages. Des études montrent que les patients qui sont passés à un régime méditerranéen riche en noix et en huile d'olive extra vierge ont constaté une réduction de 30 % des épisodes d'infarctus et de 20 % des accidents vasculaires cérébraux.

3. **Il aide à contrôler la progression et le développement du diabète de type 2.** Le régime méditerranéen est riche en fibres, il favorise donc la digestion et le métabolisme. Avec une mise en œuvre adéquate, un patient peut contrôler efficacement les pics de sa glycémie, ce qui permet un contrôle sain du diabète. Plus important encore, elle aide à la perte de poids.

4. **Réduit le risque de développer la maladie d'Alzheimer.** La maladie d'Alzheimer est une maladie dégénérative qui affecte les cellules du cerveau. Elle est progressive, et lorsqu'une personne est atteinte de la maladie d'Alzheimer, ses capacités mentales, sociales et comportementales sont affectées. Le risque de maladie d'Alzheimer et de démence est réduit en

améliorant le cholestérol, la circulation et le taux de sucre dans le sang

5. **Réduit également le risque de développer la maladie de Parkinson.** Le régime méditerranéen est riche en antioxydants provenant des fruits, des légumes et des graisses saines. Le maintien de ce type d'alimentation permet d'éviter le stress oxydatif qui provoquera des dommages, et donc la dégénérescence associée à la maladie de Parkinson.

6. **Aide à réduire l'inflammation.** Des études montrent que l'adhésion prolongée au régime méditerranéen peut réduire de manière significative le taux de biomarqueurs de l'inflammation qui causent des souffrances chroniques. Le stress oxydatif est la principale cause d'inflammation, mais

les niveaux élevés d'antioxydants dans le régime méditerranéen aideront à contrôler l'apparition de l'inflammation. Les aliments riches en bétaïne (épinards, betteraves) et en choline (soja, jaunes d'œufs) ont des propriétés anti-inflammatoires accrues.

7. **Il aide à lutter contre le cancer.** Les recherches ont montré que l'adhésion à un mode de vie méditerranéen contribue à réduire le risque de développer un cancer, ainsi que la mortalité liée au cancer.

8. **Améliore l'état de la peau.** L'huile d'olive est riche en vitamine E et en antioxydants, et le vin rouge est riche en resvératrol qui inhibe la croissance des bactéries. Une consommation prolongée du régime méditerranéen donnera à votre peau un aspect plus éclatant et plus radieux.

9. **Prolonge la vie.** Grâce à la poursuite de la mise en œuvre du régime méditerranéen, vous protégez votre cœur contre les maladies cardiaques, le cancer et toutes sortes de maladies. Ce type de protection prolonge la vie en réduisant de manière significative le risque de décès de 20 %.

10. **Il aide à perdre du poids.** Le régime méditerranéen est faible en calories, ce qui favorise la perte de poids. Pour perdre du poids, les gens se battent avec le comptage des calories comme moyen de contrôler leur consommation alimentaire. Les ingrédients de base du régime méditerranéen sont pauvres en calories, vous n'avez donc pas besoin de les compter. Ils sont également riches en fibres, ce qui permet d'améliorer la digestion.

Contrairement à ce que beaucoup de gens pensent, la perte de poids ne consiste pas à mourir de faim. Il s'agit de bien manger et de choisir les bons ingrédients. En suivant ce régime, vous pouvez commencer à constater une impressionnante prise de poids.

# CHAPITRE 2 : COMMENCER LE RÉGIME

L'idée fausse du régime méditerranéen est qu'il s'agit de manger des aliments frais et crus. La connaissance de la pyramide du régime méditerranéen vous apprendra que la table ne se limite pas aux fruits et légumes. Bien qu'ils constituent la composante la plus importante de ce régime, les aliments méditerranéens ne se limitent pas aux fruits et légumes.

## Votre liste de courses pour le régime méditerranéen : votre chemin vers la cuisine méditerranéenne

Qu'est-ce que la pyramide du régime méditerranéen ? Pour mieux comprendre ce régime et ce qu'il sera dans la cuisine, voici un résumé de leur liste de courses typiquement méditerranéennes.

**Fruits et légumes.** Le régime méditerranéen est principalement composé de fruits et de légumes. Ils sont pauvres en calories et riches en toutes sortes de vitamines et de minéraux. Votre liste de courses doit comprendre plus que ce qui suit :

a. Fruits (pommes, abricots, avocats, bananes, baies, cerises, clémentines, dattes, figues, raisins, melons, oranges, poires, pêches, fraises, tomates)

b. Légumes (artichauts, roquette, betterave, brocoli, choux de Bruxelles, choux, choux-fleurs, choux verts, concombres, choux frisés, oignons, pois, poivrons, pommes de terre, épinards, navets, ignames, courgettes)

L'huile d'olive est la principale source de graisses saines dans les repas méditerranéens. Il contient des graisses monosaturées, qui réduisent le cholestérol et les "mauvaises graisses" (LDL). Vous pouvez utiliser l'huile d'olive pour la cuisine et comme vinaigrette.

**Noix, graines, grains et légumineuses** Les noix, comme les huiles, sont une excellente source de graisses monoinsaturées. Parmi les sources de cette catégorie, on peut citer

a. Noix (amandes, noix de cajou, noisettes, noix de macadamia, pignons, noix)

b. Céréales (orge, riz brun, bulgur, sarrasin, couscous, épeautre, blé, pain et wraps de blé entier)

c. Semences (sésame, tournesol, potiron)

d. Haricots et légumineuses (pois chiches, haricots, arachides, pois, légumineuses)

**Herbes et épices.** Les plats méditerranéens sont délicieux grâce à une variété d'herbes et d'épices. Parmi les épices qui se distinguent, on trouve le basilic, la cannelle, la coriandre, le romarin, la menthe, l'origan, le persil, le poivre, la sauge, l'estragon, l'ail et bien d'autres. Toutes ces épices ont leurs bienfaits nutritionnels.

**Poissons et fruits de mer.** Les poissons gras sont riches en acides gras oméga-3 et sont considérés comme la pierre angulaire du régime méditerranéen. Les acides gras oméga-3 sont abondants dans les graisses polyinsaturées, qui ont des propriétés anti-inflammatoires. La consommation régulière d'aliments riches en acides gras oméga-3 contribue à abaisser le taux de triglycérides et à réduire le risque de coagulation sanguine, d'insuffisance cardiaque et d'accident vasculaire cérébral :

a. Germon

b. Truite de lac

c. Hareng

d. Maquereau

e. Saumon

f. Sardines

g. Autres fruits de mer (crevettes, crustacés, palourdes)

Avec le poisson, la volaille (poulet, canard et dinde) est une bonne source de protéines saines. Les viandes maigres sont consommées dans les régimes méditerranéens, mais seulement avec une stricte modération.

**La viande.** Comme le poisson et la volaille, la viande est une bonne source de protéines, mais elle est moins appréciée que la volaille. Les viandes sont par exemple le porc, le bœuf et l'agneau.

Fromage et yaourt. Les produits laitiers sont autorisés dans le régime méditerranéen.

    a. Produits laitiers (fromages non transformés tels que le brie, la feta, le parmesan, la ricotta)

    b. Yogourt (naturel et grec)

**Le vin.** Le vin est un élément important de la cuisine méditerranéenne, mais avec une stricte modération. Cette restriction est de 3 onces pour les femmes et de 5 onces pour les hommes. Le vin rehausse l'ensemble de l'expérience gastronomique. Si le mariage est excellent, il peut même faire ressortir plus efficacement les saveurs du plat.

# Préparation d'un nouveau régime alimentaire : comment garantir le succès

Comme pour tout effort, il est naturel de vouloir revendiquer le succès à ce stade. Vos efforts seront vains si vous ne réussissez pas, vous devez donc avoir un plan. Pour vous préparer correctement sur le plan physique, mental et social, les conseils suivants vous aideront :

S'il est bon de s'attaquer à ce problème du jour au lendemain, cela ne se fera pas de cette manière. Ce sera difficile et vous risquez de trébucher plusieurs fois avant d'arriver à quelque chose. Il s'agit en fait d'appliquer la bonne stratégie. Vous pouvez commencer par un repas végétarien par semaine, puis un par jour jusqu'à ce que vous puissiez suivre un régime plus méditerranéen.

## Faites cuire vos aliments.

L'authentique mode de vie méditerranéen implique une bonne relation avec la nourriture dans votre assiette. La meilleure façon de s'en assurer est de participer à la préparation et à la cuisson des aliments. En cuisine, vous connaîtrez chaque ingrédient et apprécierez chaque détail de ce plat simple. Ce type de relation avec votre alimentation vous aidera à adopter le régime alimentaire très facilement. De plus, si vous vous amusez dans la cuisine, vous pouvez vous attendre à vous amuser en mangeant.

### 1. Des substituts sains

Le démarrage sera difficile, surtout si vous êtes habitué à toute la "mauvaise" nourriture. Voici quelques substituts appropriés que vous pouvez demander :

Bretzels, croustille, biscuits et vinaigrette ranch Carottes, brocolis et céleri avec salsa fraîche

Viande sautée avec du riz blanc Légumes sautés avec du quinoa

Sandwich au pain blanc Tortillas de blé entier

Crème glacée au pudding sans matière grasse

**2. Réorganisez votre garde-manger de cuisine.** Regardez votre garde-manger, à quoi ressemble-t-il ? Vous avez vu la liste des courses en Méditerranée, vous savez donc ce qui est bon et mauvais pour vous. Sur la base de ce que vous avez appris, vous devriez aller acheter de nouveaux ingrédients et vous débarrasser de tous les aliments et ingrédients qui entrent en conflit avec le régime que vous essayez d'adopter.

**3. Variété.** La cuisine méditerranéenne n'est pas liée à un pays ou à une culture en particulier. Son histoire est vaste car elle est influencée par plusieurs pays méditerranéens. Pour élever correctement votre expérience culinaire, vous devez accepter la variété des plats proposés. Le régime méditerranéen propose des plats aux racines turques, marocaines, espagnoles, italiennes, grecques et moyen-orientales. Allez-y, élargissez votre palais.

**4. Lisez l'étiquette.** Au début, il peut être un peu difficile et déroutant d'acheter les ingrédients, mais ne vous découragez pas. J'ai peut-être acheté de la nourriture d'une certaine manière. Après avoir restructuré son garde-manger, il le remplira de nouvelles choses. La lecture des étiquettes des aliments que vous achetez vous aidera à mieux les connaître.

**5. Savourez plus de poisson.** Si vous avez envie de viande, sachez que le régime n'est pas exclusivement végétarien. Si vous avez envie de sources de protéines plus charnues, il est plus sûr de choisir du poisson. Il est riche en acides gras oméga-3 sains et faible en calories.

## 6. Satisfaire la pyramide du régime holistique méditerranéen.

Au-delà de la nourriture, le véritable mode de vie méditerranéen encourage une approche holistique qui inclut l'exercice et la socialisation. Il sert de base à la pyramide. L'activité physique renforcera l'effet de votre alimentation saine. Avec l'activité physique, vous pouvez contrôler votre perte de poids et votre métabolisme, et avec une vie sociale saine, votre mode de vie méditerranéen prend un tout autre niveau. Lorsque vous avez des amis et de la famille qui vous soutiennent, tout le voyage devient plus fructueux.

# Foire aux questions sur le régime méditerranéen

Avant d'entreprendre le voyage proprement dit, il se peut que vous ayez des questions persistantes sur votre alimentation. N'hésitez pas à consulter cette section :

- **Le maintien du régime méditerranéen coûtera-t-il cher ?**

    Toutes les transitions du plan vous coûteront un peu d'argent. Il faut construire un nouveau garde-manger et adopter un nouveau style de vie. En fait, le mode de vie méditerranéen est bon marché, surtout si on le compare à un garde-manger rempli d'aliments transformés. La plupart des listes de courses méditerranéennes sont composées de légumes, de fruits, de blé et de céréales.

- **Les pâtes et le pain sont-ils bons ?**

    Les plats méditerranéens utilisent des pâtes et du pain, mais les portions sont limitées à une tasse ou à ½ cup (souvent un plat d'accompagnement). Donc, en gros, les pâtes et le pain sont bons, mais il faut définir ce que l'on aime dans une assiette. Pour être sûr, vous devriez choisir des produits à base de céréales complètes. Ne vous approchez pas de la farine blanche.

- **Le régime méditerranéen est-il végétarien ?**

Bien qu'il semble être majoritairement végétarien, il ne l'est pas. Ce que ce régime favorise et enseigne, c'est la discipline et la modération, afin que vous puissiez respecter ce qui suit :

a. Consommation quotidienne de fruits, de légumes, de graisses et de céréales saines

b. Consommation hebdomadaire de volaille, de haricots, d'œufs, de volaille et de poisson

c. Consommation modérée de divers produits laitiers

d. Limité à une consommation minimale ou nulle de viande rouge

- **La graisse est-elle interdite ?**

Comme mentionné précédemment dans le livre, l'huile d'olive est l'un des ingrédients fondamentaux de la cuisine méditerranéenne. Son abondance en Méditerranée l'a fait ressortir dans la cuisine. La graisse n'est pas mauvaise, tant que vous avez le bon type de graisse. La graisse qui abonde dans les aliments transformés est extrêmement malsaine. On les appelle les graisses trans (acides gras trans insaturés) et elles sont insaturées. On a constaté que les niveaux de LDL (mauvaises graisses) augmentent et que les niveaux de HDL (bonnes graisses) dans le corps diminuent.

- **Combien de verres de vin sont considérés comme sains ?**

Tant qu'il s'agit d'alcool, il faut faire preuve de modération. Un ou deux verres de vin par jour sont sûrs et sains, mais vous devez comprendre que le dépassement de la limite saine mettra votre cœur en danger.

- **Quels sont les aliments ou substances à éviter ?**

  Le régime méditerranéen n'est pas totalement restrictif. Elle exige de la discipline et inculque la responsabilité. Cependant, il faut être assez intelligent pour éviter tous ces aliments malsains :

  a. Viandes transformées et autres aliments transformés (hot-dogs, saucisses)

  b. Huiles et céréales raffinées (huile de coton, huile de canola, huile de soja)

  c. Sucre (soda, bonbons, glace)

  d. Graisses trans (margarine)

- **Le régime méditerranéen est-il sûr ?**

Avec la montée de divers régimes à la mode, il est assez difficile de croire que les "régimes" sont censés apporter des avantages durables. Tout d'abord, le régime méditerranéen n'est pas une mode passagère. C'est un mode de vie qui a été observé par plusieurs nations avant même qu'il ne soit connu, dans les années 1950 et 1960. Ce régime est sûr car il met l'accent sur la qualité des aliments plutôt que sur leur quantité. Les plats méditerranéens sont équilibrés, donc vous ne manquez de rien. Plus important encore, il améliore l'état général de votre vie.

- **Puis-je prendre un café ?**

Le café n'est pas contre les restrictions alimentaires. La région méditerranéenne est obsédée par le café, principalement parce que c'est un puissant antioxydant. Vous devez être plus conscient du café que vous appréciez.

Optez pour le café ou l'expresso. A boire noir et avec le moins de sucre possible.

# Chapitre 3 : 52 Recettes Faciles Et Éprouvées Du Régime Méditerranéen Pour Un Cœur Sain

Que vous adoptiez ce nouveau mode de vie pour des raisons de santé ou pour perdre du poids, ce livre de cuisine sur le régime méditerranéen vous aidera à démarrer. Les ingrédients et la façon de cuisiner sont caractéristiques du régime méditerranéen. La perte de poids est possible parce que les plats sont pauvres en calories et les ingrédients sont sains.

Dans ce chapitre, vous aurez accès à des recettes simples mais saines et délicieuses du régime méditerranéen. Il n'est pas nécessaire d'être un expert en cuisine pour l'aborder, il suffit d'être prêt à changer de vie. Êtes-vous prêt ?

## Petits déjeuners

Le premier repas du matin est le plus important, car votre journée va commencer. Il faut que tout commence bien, car c'est ce qui déterminera en fin de compte la façon dont se déroulera le reste de la journée. Vous devriez faire plus attention à ce que vous mettez dans votre assiette le matin, car les vitamines et les nutriments que vous prenez au petit déjeuner vous aideront à fonctionner efficacement tout au long de la journée.

Même si vous êtes très occupé, vous avez besoin de manger quelque chose. Ne sautez pas le petit-déjeuner, car les conséquences sur la santé de sauter des repas n'affecteront que votre corps et votre santé en général.

## Bol à œufs et quinoa

Saviez-vous que la combinaison du jaune d'œuf est riche en nutriments et que les légumes frais peuvent augmenter l'absorption des caroténoïdes dans l'organisme ? Les caroténoïdes peuvent aider à protéger contre les maladies cardiaques. Alors profitez de ce bol savoureux, et soyez assuré que chaque bouchée sera bonne pour votre cœur.

| Calories | Protéines | Glucides | Lipides |
|----------|-----------|----------|---------|
| 366 | 14 | 33 | 21 |

Ingrédients :

- ¼ avocat mûr

- 1 œuf, porté à température ambiante

- ½ cuillère à café d'ail haché

- 1 tasse de chou frisé, haché

- 1 ½ cuillère à café d'huile d'olive, divisée

- ½ tasse de quinoa cuit

- 1/3 tasse de tomates cerises coupées en deux

- sel et poivre, selon le goût

Instructions :

1. Dans une casserole, faire bouillir l'œuf dans environ 5 cm d'eau. Faites-le pendant seulement 6 minutes et transférez immédiatement l'œuf dans de l'eau glacée et laissez-le y rester pendant 1 minute. Retirez la coquille et mettez-la de côté.

2. Dans une poêle, faire revenir l'ail. Ajouter le chou frisé et remuer jusqu'à ce qu'il soit tendre.

3. Dans un bol, mélanger le chou sauté, les tomates, le quinoa et l'avocat. Arroser d'une cuillère à café d'huile d'olive ½. Assaisonner de sel et de poivre selon le goût.

4. Couper l'œuf en deux et le recouvrir de l'œuf bouilli.

# Scones de la Méditerranée

Quel est votre rituel matinal idéal ? Peut-être aimeriez-vous vous asseoir rapidement avec une tasse de thé ou de café ? Maintenant, ce qui est parfait avec cette tasse chaude, c'est un bon scone. Cette recette est étonnante. C'est sain et délicieux.

| Calories | Protéines | Glucides | Lipides |
|----------|-----------|----------|---------|
| 293 | 8 | 36 | 14 |

Ingrédients

- 1 cuillère à soupe de levure chimique
- 50 g de beurre
- 100 g de feta, coupée en cubes
- 1 œuf, battu
- 350 g de farine d'auto-production

- 300 ml de lait

- 10 olives noires, dénoyautées et coupées en deux

- 1 cuillère à soupe d'huile d'olive

- ¼ cuillère à café de sel

- 8 tomates séchées, hachées

Instructions :

1. Préchauffez le four à 200 C. Graisser une plaque de cuisson.

2. Dans un bol, mélangez la levure chimique, la farine et le sel.

3. Ajouter l'huile et le beurre et mélanger jusqu'à ce que le mélange apparaisse en miettes.

4. Ajoutez le fromage, les tomates et les olives. Mélangez le tout, puis faites un puits au milieu et versez le lait. Mélangez le tout, et vous devriez obtenir une masse collante, mais n'en faites pas trop.

5. Mettez un peu de farine dans vos mains et donnez à la pâte une forme ronde. Brossez la surface avec l'œuf. Mettre le plat au four et faire cuire jusqu'à ce que les rouleaux soient dorés, environ 20 minutes.

6. Servir chaud avec un peu de beurre.

## Toasts aux haricots et aux tranches

Voici une savoureuse et élégante recette de baguette avec des haricots et de la feta. Ce n'est pas une combinaison courante, les saveurs de cette recette font du petit déjeuner une expérience formidable. Qui a dit que vos matins devaient être ennuyeux ? Cette baguette méditerranéenne est fantastique !

| Calories | Protéines | Glucides | Lipides |
|---|---|---|---|
| 354 | 20 | 28 | 18 |

Ingrédients :

- 4 tranches de baguette
- 350 g de haricots
- 100 g de feta, égouttée
- 1 cuillère à café de jus de citron

- 2 cuillères à soupe de feuilles de menthe, hachées

- 1 cuillère à soupe d'huile d'olive extra vierge

- 50 g de légumes à salade mélangés

- 10 tomates cerises, coupées en deux

Instructions :

1. Dans une petite casserole, porter l'eau à ébullition.

2. Ajouter les haricots et porter à ébullition, puis égoutter et mettre sous l'eau froide. Peler délicatement chaque gousse, puis transférer les haricots pelés dans un bol.

3. Ajouter un peu de feta et des feuilles de menthe, puis arroser d'un peu d'huile. Assaisonner avec du sel et du poivre. Rassemblez-vous.

4. Ajoutez les légumes de la salade, les tomates, le jus de citron et le reste de l'huile d'olive.

5. Faites griller la baguette des deux côtés. Assurez-vous qu'ils sont bruns et croustillants. Avec une cuillerée du mélange de fromage et de haricots sur le toast, servir avec les feuilles de salade de saison à côté.

## Avocat tostada

Vous êtes toujours pressé le matin ? Vous n'avez pas le temps de faire autre chose que de porter un toast ? Les avocats sont sains et riches en matières grasses et en fibres, votre petit déjeuner sera donc complet.

| Calories | Protéines | Glucides | Lipides |
|---|---|---|---|
| 200 | 5 | 18 | 13 |

Ingrédients :

- 1 avocat

- 1 tranche de pain complet, grillée

- 1 cuillère à café de jus de citron

- ½ cuillère à café d'huile d'olive extra vierge

- 1 pincée de flocons de piment rouge

- sel et poivre, selon le goût

Instructions :

1. Dans un bol, mélangez le jus de citron et l'avocat. Écrasez l'avocat avec une fourchette. Assaisonner avec du sel et du poivre.

2. Faire griller un morceau de pain complet. Étendre un peu d'avocat sur les toasts.

3. Arroser d'huile d'olive et recouvrir de flocons de piment rouge.

## Oeufs pochés à la poêle

Aussi connu sous le nom de Shakshuka, c'est un plat méditerranéen traditionnel dont la caractéristique la plus remarquable est l'œuf. C'est un délicieux plat de petit déjeuner qui vous réveillera et vous permettra de commencer votre journée dans la bonne direction.

| Calories | Protéines | Glucides | Lipides |
|---|---|---|---|
| 259 | 12 | 23 | 13.5 |

Ingrédients :

- 1 oz de fromage feta, émietté
- 2 cuillères à soupe de ciboulette, hachée
- 4 œufs
- 3 gousses d'ail, hachées
- 2 cuillères à soupe d'huile d'olive extra vierge

- 1 tasse d'oignon haché

- 1 cuillère à café d'origan haché

- 1 cuillère à soupe d'origan frais

- 1 tasse de poivron rouge, haché

- 1 boîte de tomates broyées

- 2 cuillères à café de vinaigre de vin rouge

- ¼ tasse d'eau

- sel et poivre, selon le goût

**Instructions :**

1. Préchauffez le four à 175oC

2. Dans une poêle en fonte, faites chauffer l'huile et faites revenir l'oignon et le poivron jusqu'à ce que les oignons soient translucides. Ajoutez l'ail et faites-le sauter pendant environ 2 minutes.

3. Ajouter ¼ tasse d'eau, du vinaigre de vin rouge, du sel et des tomates broyées. Laissez mijoter jusqu'à ce

que la sauce épaississe, soit environ 10 minutes. Ajouter la feta.

4. Créez 4 fentes sur la surface de la sauce en utilisant le dos de la cuillère et cassez un oeuf chacune. Assaisonnez les œufs avec du poivre noir. Transférez le moule au four et laissez cuire jusqu'à ce que les blancs d'œufs soient cuits, soit environ 12 minutes.

5. Saupoudrer d'origan et de ciboulette avant de servir.

# Omelette aux oeufs avec brie et lard

Ces tortillas de style espagnol sont le compagnon idéal du petit déjeuner. Ils sont faciles à préparer et délicieux, surtout si vous décidez d'ajouter du fromage pour rendre votre petit déjeuner plus amusant.

| Calories | Protéines | Glucides | Lipides |
|---|---|---|---|
| 395 | 25 | 3 | 31 |

Ingrédients :

- 100 g de brie en tranches

- 1 botte de ciboulette, hachée

- 1 concombre, semé et coupé en deux

- 6 œufs, légèrement battus

- 200 g de radis, en quartiers

- 200 g de lardons fumés

- 1 cuillère à café de moutarde de Dijon

- 2 cuillères à soupe d'huile d'olive

- 1 cuillère à café de vinaigre de vin rouge

- poivre, au goût

**Instructions :**

1. Préchauffez le gril à feu moyen

2. Dans une petite poêle, faites chauffer l'huile et faites frire le lard jusqu'à ce qu'il soit doré et croustillant. Séchez et égouttez sur un torchon.

3. Faites chauffer de l'huile dans une poêle antiadhésive. Prenez les œufs, le pardon frit et la ciboulette. Assaisonnez avec du poivre noir. Bien mélanger et verser dans la casserole.

4. Laissez cuire et ajoutez le brie sur le dessus. Laissez-le rôtir jusqu'à ce qu'il soit doré. Ajoutez le vinaigre, la moutarde et le reste de l'huile.

5. Couper l'œuf en segments et ajouter le concombre et les radis dans la poêle avant de servir.

## Du gruau pour la soirée

Comme son nom l'indique, le gruau du soir est le gruau du petit déjeuner qui est préparé à l'avance ou la veille. Faites-le, pour ne pas avoir à vous précipiter le matin. Mais il le fait aussi parce qu'en faisant cela, il permet aux saveurs de bien se mélanger, de sorte qu'elles soient parfaites quand vous les avez le matin. Note sur l'histoire : Cette recette est relativement basique, mais n'hésitez pas à y ajouter une variété de garnitures. Vous pouvez utiliser l'avocat, la myrtille, la cerise, le potiron, la banane, la framboise, la pêche, la mangue, la pomme et bien d'autres. Ne vous limitez pas.

| Calories | Protéines | Glucides | Lipides |
|---|---|---|---|
| 258 | 12 | 34 | 8.7 |

Ingrédients :

- 1 cuillère à soupe de graines de chia

- 1 cuillère à soupe de farine de lin

- 1 ¼ tasse de lait de noix

- 1 tasse de flocons d'avoine

- 1/8 de cuillère à café de sel

- ½ tasse de yaourt grec

Instructions :

1. Dans un bol, il rassemble tous les ingrédients. Veillez à bien mélanger.

2. Conserver au réfrigérateur toute la nuit.

3. Le matin, couvrez-le avec votre fruit préféré (ou un ingrédient salé, si nécessaire).

## Bol matinal de pois chiches et de concombres

Vous voulez une salade pour le petit-déjeuner ? Cette salade fraîche est servie de préférence avec un œuf au plat. Les textures fournies par les différents ingrédients sont intéressantes et vous amuseront sûrement dans votre bouche.

| Calories | Protéines | Glucides | Lipides |
|---|---|---|---|
| 365 | 19 | 28 | 15.6 |

Ingrédients :

- 2 cuillères à soupe de feta émiettée

- ½ pois chiches en conserve, égouttés

- ½ tasse de concombre, tranché

- 2 cuillères à café d'aneth, haché

- 2 œufs

- 1 ½ c. à café d'huile d'olive extra vierge

- 2 cuillères à soupe de poivrons rouges rôtis, coupés en tranches

- 1 ½ c. à thé de vinaigre de vin rouge

- sel et poivre, selon le goût

Instructions :

1. Dans un bol, mélangez l'huile d'olive et le vinaigre de vin rouge. Assaisonnez le tout avec du sel et du poivre.

2. Ajoutez les olives, les poivrons et les pois chiches. Mélangez tout pour que les saveurs s'accordent.

3. Dans une poêle, faites chauffer l'huile et faites frire deux œufs. Mettez-le de côté.

4. Transférez la salade dans un bol. Disposez les tranches de concombre et mettez les œufs au plat sur

la salade. Enfin, saupoudrez d'aneth et de fromage haché avant de servir.

## Rouleaux d'œuf farcis au jambon

Quand on pense au petit-déjeuner, on pense aux œufs, et ce muffin est le compagnon idéal du petit-déjeuner car chaque bouchée satisfaisante est comme une cuillerée de bonté matinale. Il est délicieux et sain, il vous préparera donc correctement pour votre journée.

| Calories | Protéines | Glucides | Lipides |
|----------|-----------|----------|---------|
| 109 | 9.3 | 1.8 | 6.7 |

Ingrédients :

- 1 pincée de basilic, pour la garniture
- ¼ tasse de fromage feta émietté
- 5 œufs
- 9 tranches de jambon de charcuterie
- 1 ½ cuillère à soupe de sauce pesto

- ½ tasse de poivrons rouges rôtis

- 1/3 de tasse d'épinards hachés

- sel et poivre, selon le goût

Instructions :

1. Préchauffez le four à 200oC. Graisser un moule à muffins.

2. Mettre une tranche de jambon dans le moule à muffins. Veillez à couvrir tous les côtés du rouleau.

3. Ajoutez des poivrons rouges grillés aux rouleaux de jambon, puis ajoutez une cuillerée d'épinards sur les poivrons.

4. Ajoutez ½ cuillère à soupe de feta sur les épinards et les poivrons.

5. Battez les œufs dans un bol. Saler et poivrer, puis répartir les œufs dans les tasses des petits pains. Mettez les boîtes de conserve au four et faites-les

cuire jusqu'à ce que les œufs soient bien gonflés, soit environ 15 minutes.

6. Retirer délicatement les rouleaux de jambon de la boîte et les garnir de sauce pesto, de basilic et des poivrons rouges grillés restants.

## Œufs brouillés aux épinards et aux framboises

Que diriez-vous d'une friandise sucrée et salée au petit déjeuner ? Certains aiment quelque chose de salé pour le petit déjeuner, mais d'autres veulent quelque chose de sucré. Et si vous voulez les deux ? Cette recette simple à base d'œufs satisfera les deux souhaits pour que vous puissiez bien commencer votre journée. Il est riche en protéines et en fibres, mais aussi tout à fait délicieux.

| Calories | Protéines | Glucides | Lipides |
|----------|-----------|----------|---------|
| 296 | 18 | 21 | 16 |

Ingrédients :

- 1 tranche de pain grillé complet
- 1 c. à café d'huile de canola

- 2 œufs, des milk-shakes
- ½ tasse de framboises
- 1 ½ tasses de bébés épinards
- sel et poivre, selon le goût

Instructions :

1. Dans une poêle, faites chauffer l'huile et faites cuire les épinards jusqu'à ce qu'ils se fanent. Mettez cela de côté dans une assiette.

2. Nettoyez la casserole et ajoutez les œufs. Ajoutez les épinards. Assaisonner avec du sel et du poivre.

3. Préparez les toasts pour le petit déjeuner. Mettez une couche d'épinards et d'œufs. Ensuite, recouvrez le tout de framboises.

# Salades

Les salades rendent les repas agréables car elles peuvent faire passer un plat simple au niveau supérieur lorsqu'elles sont combinées à une salade excitante. Il peut être dégusté en accompagnement ou en repas léger, selon vos souhaits.

Les plats méditerranéens sont fiers de la façon dont ils traitent les légumes de manière créative. Les salades de cette création sont pleines de caractère fantastique et d'excellentes saveurs.

## Salade d'épeautre

L'épeautre est un produit céréalier, et il n'est pas très connu, mais il a une odeur de noix caractéristique qui ajoutera beaucoup de saveur à n'importe quel plat. Cette recette de salade est tellement incroyable. Vous pouvez le préparer bien à l'avance et le conserver au réfrigérateur pour un usage ultérieur.

| Calories | Protéines | Glucides | Lipides |
|----------|-----------|----------|---------|
| 365 | 13 | 43 | 5 |

Ingrédients :

Salade

- 2 ½ tasses de bouillon de légumes
- ¾ tasse de fromage feta émietté
- 1 boîte de pois chiches, égouttés

- 1 concombre, haché
- 1 ½ tasse d'épeautre perlé
- 1 cuillère à soupe d'huile d'olive
- ½ oignon tranché
- 2 tasses de jeunes épinards, hachés
- 1 pinte de tomates cerises, coupées en deux
- 1 ¼ tasses d'eau

**Vêtements**

- 2 cuillères à soupe de jus de citron
- 1 cuillère à soupe de miel
- ¼ tasse d'huile d'olive
- ¼ tsp oregano
- 1 pincée de flocons de piment rouge
- ¼ cuillère à café de sel
- 1 cuillère à soupe de vinaigre de vin rouge

Instructions :

1. Faites chauffer l'huile dans une poêle. Ajoutez l'épeautre et faites cuire pendant une minute. Veillez à le remuer régulièrement pendant la cuisson.

2. Ajouter l'eau et le bouillon, puis porter à ébullition. Réduire le feu et laisser mijoter jusqu'à ce que l'épeautre soit tendre, soit environ 30 minutes. Égouttez l'eau et transférez l'épeautre dans un bol.

3. Ajouter les épinards et mélanger. Laissez refroidir pendant environ 20 minutes.

4. Ajouter le concombre, les oignons, les tomates, le poivron, les pois chiches et la feta. Mélangez bien pour obtenir un bon mélange. Écartez-vous et préparez la vinaigrette.

5. Dans un petit bol, mélanger tous les ingrédients de la vinaigrette et bien mélanger jusqu'à l'obtention d'une consistance lisse.

6. Versez-le dans le bol et mélangez-le bien.

   Assaisonner de sel et de poivre rouge selon le goût.

## Salade de pois chiches et de courgettes

Voici une simple assiette de salade avec une simple sauce aigre qui complétera les saveurs subtiles des légumes.

| Calories | Protéines | Glucides | Lipides |
|----------|-----------|----------|---------|
| 258 | 5.6 | 19 | 18.5 |

Ingrédients :

- ¼ tasse de vinaigre balsamique

- 1/3 de tasse de feuilles de basilic hachées

- 1 cuillère à soupe de câpres, égouttées et hachées

- ½ tasse de fromage feta émietté

- 1 boîte de pois chiches, égouttés

- 1 gousse d'ail, hachée

- ½ tasse d'olives Kalamata, hachées

- 1/3 de tasse d'huile d'olive

- ½ tasse d'oignon doux, haché
- ½ tsp oregano
- 1 pincée de flocons de piment rouge, écrasés
- ¾ tasse de poivron rouge, haché
- 1 cuillère à soupe de romarin haché
- 2 tasses de courgettes, coupées en dés
- sel et poivre, selon le goût

Instructions :

1. Dans un grand saladier, mélangez les légumes et couvrez bien.

2. Servir à température ambiante. Mais pour de meilleurs résultats, mettez le saladier au réfrigérateur pendant quelques heures avant de le servir, pour permettre aux saveurs de se mélanger.

## Salade d'artichauts à la provençale

L'artichaut est très nutritif et délicieux. Cette salade n'a pas l'air de grand-chose, mais elle donne plus que ce que l'on voit. Les saveurs sont passionnantes et faciles à préparer.

| Calories | Protéines | Glucides | Lipides |
|----------|-----------|----------|---------|
| 147 | 4 | 18 | 7.5 |

Ingrédients :

- Coeurs d'artichauts de 9 oz

- 1 cuillère à café de basilic haché

- 2 gousses d'ail, hachées

- 1 zeste de citron

- 1 cuillère à soupe d'olives, hachées

- 1 cuillère à soupe d'huile d'olive

- ½ oignon haché

- 1 pincée, ½ cuillère à café de sel

- 2 tomates, hachées

- 3 cuillères à soupe d'eau

- ½ verre de vin blanc

- sel et poivre, selon le goût

Instructions :

1. Faites chauffer l'huile dans une poêle. Faites sauter l'oignon et l'ail. Faites cuire jusqu'à ce que les oignons soient translucides. Assaisonnez avec une pincée de sel.

2. Versez le vin blanc et laissez mijoter jusqu'à ce que le vin soit réduit de moitié.

3. Ajouter les tomates hachées, les coeurs d'artichauts et l'eau. Faire mijoter, puis ajouter le zeste de citron et environ ½ cuillère à café de sel. Couvrez et faites cuire pendant environ 6 minutes.

4. Ajouter les olives et le basilic. Salez et poivrez selon votre goût, mélangez bien et savourez !

## Salade bulgare

Le bulgare est d'origine arabe et est un aliment céréalier à base de blé et d'avoine. C'est sain, et avec cette recette, c'est délicieux.

| Calories | Protéines | Glucides | Lipides |
|----------|-----------|----------|---------|
| 386      | 9         | 55       | 5       |

Ingrédients :

- 2 tasses de bulgur
- 1 cuillère à soupe de beurre
- 1 concombre, en morceaux
- ¼ tasse d'aneth
- ¼ tasse d'olives noires, coupées en deux
- 1 cuillère à soupe, 2 cuillères à café d'huile d'olive

- 4 tasses d'eau

- 2 cuillères à café de vinaigre de vin rouge

- sel, au goût

Instructions :

1. Dans une casserole, faites griller le boulgour sur un mélange de beurre et d'huile d'olive. Laissez cuire jusqu'à ce que le boulgour soit doré et commence à craquer.

2. Ajouter de l'eau et assaisonner avec du sel. Couvrez le tout et laissez mijoter pendant environ 20 minutes ou jusqu'à ce que le boulgour soit tendre.

3. Dans un bol, mélangez les morceaux de concombre avec l'huile d'olive, l'aneth, le vinaigre de vin rouge et les olives noires. Mélangez bien le tout.

4. Il combine le concombre et le bulgur.

# Saladier de Falafel

Ce nouveau bol méditerranéen contient tout ce que vous voulez dans un plat délicieux et sain. Il propose un assortiment de légumes ainsi que des falafels végétariens, de sorte que chaque bouchée que vous prenez est vraiment mémorable. Si vous cuisinez bien le falafel, vous apprécierez son caractère croquant. La variété des textures et des saveurs sera si impressionnante que chaque bouchée sera mémorable.

Cette recette utilise des falafels et du hoummos prêts à l'emploi, mais n'hésitez pas à faire les vôtres si vous voulez vous y attaquer.

| Calories | Protéines | Glucides | Lipides |
|----------|-----------|----------|---------|
| 561 | 18.5 | 60.1 | 30.7 |

Ingrédients

- 1 cuillère à soupe de sauce chili à l'ail
- 1 cuillère à soupe de sauce à l'ail et à l'aneth
- 1 paquet de falafels végétariens
- 1 boîte d'humus
- 2 cuillères à soupe de jus de citron
- 1 cuillère à soupe d'olives kalamata dénoyautées
- 1 cuillère à soupe d'huile d'olive extra vierge
- ¼ tasse d'oignon, en dés
- 2 tasses de persil haché
- 2 tasses de pita croustille
- 1 pincée de sel
- 1 cuillère à soupe de sauce tahini
- ½ tasse de tomate en dés

Instructions :

1. Faites cuire les falafels préparés. Mettez-le de côté.

2. Préparer la salade. Dans un grand bol, mélangez le persil, l'oignon, la tomate, le jus de citron, l'huile d'olive et le sel. Jetez tout et mettez tout de côté.

3. Transférez tout dans les bols de service. Ajouter le persil et recouvrir d'humus et de falafels.

4. Saupoudrer le bol de sauce tahini, de sauce chili à l'ail et de sauce à l'aneth.

5. Avant de servir, ajouter le jus de citron et bien mélanger la salade.

6. Servir avec du pain pita à part.

## Salade grecque facile

Une recette classique de salade grecque que vous pouvez facilement préparer si vous êtes sur la route et avez peu de temps. Mélangez les ingrédients et savourez chaque délicieuse cuillerée. C'est nutritif et fantastique.

| Calories | Protéines | Glucides | Lipides |
|---|---|---|---|
| 292 | 6 | 12 | 35 |

Ingrédients :

- 4 oz de fromage feta grec, coupé en cubes
- 5 concombres, coupés dans le sens de la longueur
- 1 cuillère à café de miel
- 1 citron, joué et râpé
- 1 tasse d'olives kalamata, dénoyautées et coupées en deux

- ¼ tasse d'huile d'olive extra vierge
- 1 oignon, coupé en tranches
- 1 cuillère à café d'origan
- 1 pincée d'origan frais (pour la garniture)
- 12 tomates, en quartiers
- ¼ tasse de vinaigre de vin rouge
- sel et poivre, selon le goût

Instructions :

1. Dans un bol, faites tremper les oignons dans de l'eau salée pendant 15 minutes.

2. Dans un grand bol, rassemblez le miel, le jus de citron, l'écorce de citron, l'origan, le sel et le poivre. Mélangez tout.

3. Ajoutez progressivement l'huile d'olive, en battant comme vous le faites, jusqu'à ce que l'huile s'émulsionne.

4. Ajoutez les olives et les tomates. Mettez-le à droite.

5. Ajouter les concombres

6. Égouttez les oignons trempés dans l'eau salée et ajoutez-les au mélange de salade.

7. Recouvrez la salade d'origan frais et de feta. Arroser d'huile d'olive et assaisonner de poivre, selon le goût.

# Salade de roquette aux figues et aux noix

| Calories | Protéines | Glucides | Lipides |
|----------|-----------|----------|---------|
| 403 | 13 | 35 | 24 |

Ingrédients :

- 5 oz de roquette

- 1 carotte, grattée

- 1/8 de cuillère à café de poivre de Cayenne

- 3 oz de fromage de chèvre, émietté

- 1 boîte de pois chiches non salés, égouttés

- ½ tasse de figues séchées, coupées en quartiers

- 1 cuillère à café de miel

- 3 cuillères à soupe d'huile d'olive

- 2 cuillères à café de vinaigre balsamique

- ½ noix coupées en deux

- sel, au goût

Instructions :

1. Préchauffez le four à 175oC

2. Dans un plat allant au four, mélangez les noix, 1 cuillère à soupe d'huile d'olive, le poivre de Cayenne et 1/8 de cuillère à café de sel. Mettez la plaque au four et faites-la cuire jusqu'à ce que les noix soient dorées. Mettez-le de côté quand vous aurez terminé.

3. Dans un bol, mélangez le miel, le vinaigre balsamique, 2 cuillères à soupe d'huile et ¾ cuillère à café de sel.

4. Dans un grand bol, mélangez la roquette, la carotte et les figues. Ajouter les noix et le fromage de chèvre et arroser de la vinaigrette au miel balsamique. Assurez-vous de tout couvrir.

## Salade de chou-fleur avec vinaigrette au tahini

Une salade saine et délicieuse qui mettra différentes textures et saveurs dans votre bouche. Cette recette exige que vous prépariez vous-même le riz avec le chou-fleur, mais si vous voulez sauter cette partie, vous pouvez rapidement acheter le chou-fleur au prix du magasin pour économiser du temps et des efforts. Sinon, suivez la recette dans son intégralité et faites le riz avec le chou-fleur à partir de zéro.

| Calories | Protéines | Glucides | Lipides |
|---|---|---|---|
| 165 | 6 | 20 | 8 |

Ingrédients :

- 1 ½ lb de chou-fleur
- ¼ tasse de cerises séchées

- 3 cuillères à soupe de jus de citron

- 1 cuillère à soupe de menthe fraîche, hachée

- 1 cuillère à café d'huile d'olive

- ½ tasse de persil haché

- 3 cuillères à soupe de pistaches rôties salées, hachées

- ½ cuillère à café de sel

- ¼ Coupe d'échalote, hachée

- 2 cuillères à soupe de tahini

Instructions :

1. Râper le chou-fleur dans un récipient pour micro-ondes

2. Ajouter de l'huile d'olive et du sel ¼. Veillez à couvrir et à assaisonner le chou-fleur de manière uniforme. Couvrez le bol d'un film plastique et faites-le chauffer au micro-ondes pendant environ 3 minutes.

3. Mettez le riz avec le chou-fleur sur une plaque de cuisson et laissez refroidir pendant environ 10 minutes.

4. Ajouter le jus de citron et les échalotes. Laissez reposer pendant environ 10 minutes pour que le chou-fleur absorbe la saveur.

5. Ajouter le mélange de tahini, de cerises, de persil, de menthe et de sel. Mélangez bien le tout.

6. Saupoudrer de pistaches grillées avant de servir.

# Salade de pommes de terre méditerranéenne

Quand on pense à la salade de pommes de terre, on pense à la sauce ranch, mais c'est très différent. Il est pauvre en graisse et ne contient rien dans une sélection d'herbes, de tomates et de poivrons. C'est une salade de pommes de terre comme vous n'en avez jamais mangé.

| Calories | Protéines | Glucides | Lipides |
|---|---|---|---|
| 111 | 3 | 16 | 4 |

Ingrédients :

- 1 botte de feuilles de basilic, déchirées
- 1 gousse d'ail écrasée
- 1 cuillère à soupe d'huile d'olive
- 1 oignon, coupé en tranches
- 1 cuillère à café d'origan

- 100 g de poivron rouge grillé. Tranches

- 300g de pommes de terre, coupées en deux

- 1 boîte de tomates cerises

- sel et poivre, selon le goût

Instructions :

1. Dans une casserole, faire chauffer l'huile et faire revenir les oignons jusqu'à ce qu'ils soient translucides. Ajouter l'origan et l'ail. Il cuisine tout pendant une minute.

2. Ajouter le poivre et les tomates. Saler et poivrer, puis laisser mijoter pendant environ 10 minutes. Mettez cela de côté.

3. Dans une casserole, faites bouillir les pommes de terre dans de l'eau salée. Laissez cuire jusqu'à ce qu'ils soient bien tendres, environ 15 minutes. Bien drainer.

4. Mélangez les pommes de terre avec la sauce et ajoutez le basilic et les olives. Enfin, jetez tout avant de servir.

## Salade de quinoa et de pistaches

Les céréales sont très présentes dans la cuisine méditerranéenne. Le quinoa, bien que relativement nouveau sur la scène, a pris sa place confortable au centre. Cette salade est intéressante. Les groseilles à maquereau lui donnent une texture et une saveur incroyables. Mais n'hésitez pas à remplacer les raisins secs si vous le souhaitez.

| Calories | Protéines | Glucides | Lipides |
|---|---|---|---|
| 248 | 7 | 35 | 9.8 |

Ingrédients :

- ¼ cuillère à café de cumin

- ½ tasse de groseilles séchées

- 1 cuillère à café de zeste de citron râpé

- 2 cuillères à soupe de jus de citron

- ½ tasse d'oignons verts, hachés

- 1 cuillère à soupe de menthe hachée

- 2 cuillères à soupe d'huile d'olive extra vierge

- ¼ tasse de persil haché

- ¼ cuillère à café de poivre moulu

- 1/3 tasse de pistaches, hachées

- 1 ¼ tasses de quinoa non cuites

- 1 2/3 tasse d'eau

Instructions :

1. Dans une casserole, rassemblez 1 2/3 tasse d'eau, des raisins secs et du quinoa. Faire cuire le tout jusqu'à ébullition puis réduire le feu. Faites mijoter le tout pendant environ 10 minutes et laissez le quinoa devenir mousseux. Mettez-le de côté pendant environ 5 minutes.

2. Dans un récipient, transférez le mélange de quinoa. Ajouter les noix, la menthe, les oignons et le persil. Mélangez tout.

3. Dans un autre bol, mélangez le zeste de citron, le jus de citron, les raisins de Corinthe, le cumin et l'huile. Battez-les ensemble.

4. Mélangez les ingrédients secs et humides.

# Soupes

La soupe est un autre plat d'accompagnement qui peut être dégusté pendant le repas. Souvent servi chaud, il aide à garder l'estomac prêt pour un repas, et si vous vous sentez un peu malade, un bol de n'importe quoi de chaud est presque équivalent à une étreinte amicale et réconfortante.

Ces soupes sont faciles à préparer et nutritives. Si vous recherchez quelque chose de léger et de délicieux, une soupe bien préparée peut constituer un repas ou une collation suffisante.

## Soupe au poulet Avgolemono

L'avgolemono est une sauce aux œufs et au citron obtenue en combinant des œufs et du citron avec du bouillon. On le retrouve dans différentes cuisines comme la cuisine grecque, arabe, turque, juive et italienne. Ce plat de soupe fait passer la célèbre sauce Avgolemono à un niveau supérieur. C'est facile à faire, mais c'est délicieux.

| Calories | Protéines | Glucides | Lipides |
|---|---|---|---|
| 451 | 32 | 42 | 15 |

Ingrédients :

- 6 tasses de bouillon de poulet
- 1 tasse de poitrine de poulet, cuite et déchiquetée
- 3 œufs
- ¼ tasse de jus de citron
- 1 tasse d'orzo
- sel et poivre, selon le goût

Instructions :

1. Dans une casserole, faire chauffer le bouillon de poulet à feu moyen et porter à ébullition.

2. Ajoutez l'orzo et faites cuire al dente. Ne le laissez pas devenir trop mou et mou.

3. Dans un bol, battez les 3 œufs. Ajoutez lentement la tasse de bouillon chaud, en battant l'œuf au fur et à mesure. Dès que l'œuf est bien mélangé à la tasse de bouillon, remettez-le dans la marmite.

4. Ajouter le poulet râpé au bouillon et laisser mijoter jusqu'à ce que la soupe épaississe. Cela devrait prendre environ 4 ou 5 minutes. Assaisonner avec du sel et du poivre.

## Soupe à la tomate et aux lentilles

La beauté des lentilles réside dans les bienfaits qu'elles offrent pour la santé. Ils sont riches en protéines et très bons pour le cœur. En les consommant régulièrement, les lentilles peuvent aider à réduire le taux de cholestérol. Que diriez-vous d'une recette de soupe qui vous permette de savourer quelque chose de sain ? Cette recette utilise de la purée de tomates, mais si vous voulez qu'elle soit plus épaisse, vous pouvez utiliser des tomates en dés.

| Calories | Protéines | Glucides | Lipides |
|:---:|:---:|:---:|:---:|
| 260 | 14.7 | 37.9 | 2.3 |

Ingrédients :

- ¼ tasse de vinaigre balsamique (ou de vinaigre de vin rouge)
- 6 tasses de bouillon de légumes
- 2 tasses de céleri haché

- ¼ tsp nails

- 4 gousses d'ail, hachées

- 2 tasses de lentilles sèches

- 1 cuillère à soupe d'huile d'olive

- 2 tasses d'oignon haché

- 1 tasse de persil haché

- 2 boîtes de tomates roms

- sel et poivre, selon le goût

Instructions :

1. Dans une marmite, faites sauter les oignons et le céleri. Laissez cuire jusqu'à ce que les oignons soient translucides, soit environ 10 minutes.

2. Dans un robot ménager, écrasez les tomates. Ajoutez-les dans le pot de céleri.

3. Ajoutez les lentilles et le bouillon dans la casserole et laissez mijoter à découvert pendant environ 20 minutes.

4. Ajouter ½ tasse de persil, ail, vin, gousse, sel et poivre. Mélangez bien et laissez mijoter pendant 25 minutes supplémentaires.

5. Ajouter le vinaigre balsamique et laisser mijoter pendant les 5 dernières minutes avant de servir.

## Soupe de légumes et de quinoa

La combinaison du goût et de la texture dans chaque bouchée est fascinante avec cette soupe au quinoa. La sélection de légumes est incroyable. Vous allez adorer chaque cuillerée de cette fantastique soupe.

| Calories | Protéines | Glucides | Lipides |
|---|---|---|---|
| 144 | 7 | 19 | 4.8 |

Ingrédients :

- 6 tasses de bouillon de poulet non salé
- ¼ tasse de choux de Bruxelles tranchés
- ¼ tasse de carottes, en dés
- ¼ tasse de céleri-rave, en dés
- ¾ cuillère à café de cumin moulu
- 4 gousses d'ail, coupées en tranches

- 2 cuillères à soupe d'huile d'olive

- ¼ tasse d'oignon

- ¼ tasse de persil haché

- ¼ tasse de poivron rouge, en dés

- ¼ tasse de pomme de terre rousse, coupée en cubes

- 1 tasse de quinoa brut

- 1 cuillère à café de romarin haché

- ½ tasse de courgettes, en dés

- sel, au goût

Instructions :

1. Préchauffez le four à 175oC

2. Sur une plaque de cuisson, étaler le quinoa cru. Mettez-le au four et laissez cuire jusqu'à ce qu'il soit doré ou jusqu'à ce qu'environ 30 minutes se soient

écoulées. N'oubliez pas de remuer le quinoa toutes les 10 minutes afin qu'il ne colle pas au bas de la feuille.

3. Dans une marmite, faites chauffer l'huile. Ajouter l'oignon, l'ail, le poivre et la carotte. Laissez mijoter jusqu'à ce que les légumes soient tendres.

4. Ajouter le bouillon, le céleri-rave, les pommes de terre et le quinoa rôti. Augmentez le feu, portez à ébullition.

5. Ajoutez les choux de Bruxelles et les courgettes. Continuez à tout faire cuire jusqu'à ce que le quinoa soit bien cuit. Assaisonnez-le avec du sel, selon votre goût. Recouvrez le tout de persil.

# Soupe de poisson

La soupe de poisson est un ragoût rustique aux saveurs qui offrent un confort, surtout quand il n'est pas agréable. C'est une simple soupe qui a bon goût. Cette recette est réalisée avec du poisson, des coquilles Saint-Jacques et des crevettes. Mais n'hésitez pas à adapter la composante poisson à votre goût spécifique.

| Calories | Protéines | Glucides | Lipides |
|----------|-----------|----------|---------|
| 393 | 56 | 0 | 0 |

Ingrédients

- 1 tasse de bouillon de fruits de mer
- 1 épi de maïs, coupé en 4 morceaux
- 1 cuillère à soupe d'assaisonnement Old Bay
- 1 cuillère à soupe de persil haché
- ½ cuillère à café de poivron rouge

- 1 pomme de terre rouge, coupée en quartiers
- Coquilles Saint-Jacques de 4 oz
- 1 livre de crevettes déveinées et équeutées
- 2 tasses d'eau
- sel, au goût

Instructions

1. Dans une grande marmite ou un four hollandais, rassemblez l'eau, le bouillon de fruits de mer et le sel selon votre goût. Laissez cuire jusqu'à ce que les choses commencent à bouillir.

2. Ajoutez le maïs et les pommes de terre. Laissez tout cuire jusqu'à ce que la pomme de terre soit molle, soit environ 10 minutes.

3. Ajoutez les coquilles Saint-Jacques et les crevettes dans la marmite. Laissez cuire pendant environ 4 minutes.

4. Pour servir, saupoudrer de poivron rouge et de persil.

## Soupe de pommes de terre

Cette recette de soupe peut sembler intimidante et laborieuse. Cependant, ne vous en privez pas car il est si délicieux, sain et bon pour le cœur. Les saveurs sont incroyables, et si vous êtes un fanatique de légumes, c'est la meilleure façon d'en profiter.

| Calories | Protéines | Glucides | Lipides |
|---|---|---|---|
| 350 | 19 | 62 | 5 |

Ingrédients :

- 3 carottes, coupées en tranches
- ¼ tasse de parmesan râpé
- 4 tasses de bouillon de poulet
- 1 gousse d'ail, hachée
- 2 cuillères à café d'assaisonnement italien

- 1 boîte de haricots rouges

- 1 tasse de nouilles de blé entier non cuites

- 1 ½ cuillère à café d'huile d'olive

- ½ tasse d'oignon

- ¼ cuillère à café de poivre moulu

- 3 pommes de terre, coupées en cubes

- 2 tasses d'épinards

Instructions :

1. Dans une casserole, faites revenir les oignons et l'ail jusqu'à ce que les oignons soient translucides, soit environ 4 minutes.

2. Ajoutez de l'eau, du bouillon de poulet (ou de légumes), des carottes, des pommes de terre et des assaisonnements. Couvrez le tout et mettez-le à bouillir.

3. Une fois l'eau bouillante, réduisez le feu et laissez mijoter. Ajouter les nouilles et les haricots et porter à

nouveau la casserole à ébullition. Faites tout cuire jusqu'à ce que les nouilles soient très tendres.

4. Au moment de servir, ajouter les épinards sur le dessus.

# Soupe au poulet et au citron

Cette soupe est crémeuse et satisfaisante. Les saveurs se complètent très bien, et ce bol est parfaitement réconfortant, surtout quand on se sent un peu triste ou déprimé par une maladie. N'hésitez pas à remplacer le lait d'amande par du lait si vous êtes intolérant au lactose.

| Calories | Protéines | Glucides | Lipides |
|---|---|---|---|
| 330 | 32 | 12 | 6 |

Ingrédients :

- 2 cuillères à soupe de basilic haché
- 2 boîtes de bouillon de poulet
- 1 carotte, coupée en tranches
- 2 tasses de poulet, coupées en cubes
- 1 cuillère à soupe de fécule de maïs
- 1 gousse d'ail, hachée

- ¼ tasse de jus de citron

- ½ tasse de poivrons rouges en lanières, tranchés

- ½ tasse de riz blanc à grain long

Instructions :

1. Dans une casserole, faites chauffer le bouillon et portez-le à ébullition. Ajoutez les carottes et le riz. Faites tout cuire jusqu'à ce que les carottes soient tendres.

2. Ajoutez le poulet, le jus de citron, le poivre et l'ail. Laissez les choses mijoter.

3. Dans un petit bol, mélangez la fécule de maïs et le lait évaporé. Ajoutez ceci à la soupe.

4. Remuez lentement et ajoutez le reste du lait évaporé par paliers. Continuez à chauffer et portez à ébullition et continuez à remuer pendant un moment.

5. Retirer du feu et transférer dans un conteneur. Servir avec du basilic sur le dessus.

## Soupe aux haricots blancs et au chou frisé

La caractéristique la plus significative de ce plat de soupe est son goût d'ail caractéristique. Les saveurs sont incroyables, et si vous n'êtes pas complètement végétarien, vous savez qu'il y a une saucisse surprise. N'hésitez pas à accompagner le savon de toasts.

| Calories | Protéines | Glucides | Lipides |
|----------|-----------|----------|---------|
| 200 | 15 | 21 | 8 |

Ingrédients :

- 1 livre de haricots blancs
- 6 tasses de bouillon de poulet
- 1 carotte, coupée en dés
- 1 céleri, coupé en dés

- 5 gousses d'ail, hachées

- 1 livre de chou frisé, déchiré

- 1 cuillère à soupe de jus de citron

- ½ cuillère à café d'écorce de citron

- 2 cuillères à soupe d'huile d'olive

- ½ oignon haché

- 1/8 de cuillère à café de flocons de piment rouge, écrasés

- 1 ½ lb de saucisse italienne sucrée

- sel et poivre, selon le goût

Instructions :

1. Peler les saucisses et les casser en petits morceaux

2. Dans une marmite profonde ou dans un four hollandais, faites chauffer 1 cuillère à soupe d'huile et faites cuire les saucisses jusqu'à ce qu'elles soient

dorées. Égouttez la graisse et transférez les saucisses dans une assiette.

3. Ajouter le reste de l'huile dans la marmite et faire revenir les oignons. Faites-les cuire jusqu'à ce qu'elles soient translucides et parfumées.

4. Ajoutez le céleri et les carottes. Remuez-les jusqu'à ce qu'ils soient dorés. Veillez à gratter tous les morceaux qui collent au fond de la casserole.

5. Ajouter de l'ail et des flocons de piment. Assaisonner avec du sel et du poivre.

6. Ajoutez le bouillon et faites cuire le tout jusqu'à ébullition.

7. Dès qu'il bout, baissez le feu. Ajouter la saucisse et la moitié des haricots. Pendant ce temps, écrasez le reste des haricots et ajoutez-les dans la marmite.

8. Ajoutez le chou frisé et laissez mijoter jusqu'à ce qu'il soit bien tendre.

9. Ajoutez le jus et le zeste de citron - salez et poivrez.

## Soupe aux crevettes, tomates et riz

Cette soupe est un repas en soi. C'est un repas sain, riche en protéines, qui est rassasiant mais pauvre en calories. N'hésitez pas à remplacer la source de protéines, mais cette recette fonctionne mieux avec les crevettes.

| Calories | Protéines | Glucides | Lipides |
|---|---|---|---|
| 456 | 42 | 53 | 8 |

Ingrédients :

- 2 feuilles de laurier

- 1 cuillerée à soupe d'ail haché

- 1 citron, dans son jus

- 1 cuillère à café d'huile d'olive

- huile d'olive en spray

- 1 tasse d'oignon, coupé en dés

- 1 pincée de persil

- 1 tasse de poivre en dés

- 5 tasses de riz brun

- 1 ½ lb de crevettes, décortiquées et déveinées

- 4 tasses d'épinards

- 1 cuillère à soupe de thym

- 1 pincée de sel et de poivre

Instructions :

1. Dans une poêle, faites chauffer l'huile et faites cuire les crevettes. Assaisonner avec du sel et du poivre. Laissez cuire jusqu'à ce que les bords brûlent.

2. Baissez le feu et ajoutez l'ail et l'oignon. Continuez la cuisson jusqu'à ce que les oignons soient caramélisés, mais veillez à ne pas brûler l'ail. Grattez le fond pour enlever tout ce qui pourrait être coincé.

3. Ajoutez le thym et continuez la cuisson en remuant constamment.

4. Ajouter le bouillon, le riz et les tomates. Laissez les choses mijoter. Ajouter les feuilles de laurier et assaisonner de sel et de poivre. Faites tout cuire pendant 10 minutes de plus. Continuez à ajouter de l'eau, le pot se dessèche.

5. Une fois cuit, ajouter le reste du bouillon. Garnir de persil et de citron.

# Soupe de poires et de citrouilles

Les saveurs sont un mélange de saveurs marocaines et espagnoles. Riche en fibres et en protéines, chaque cuillerée apporte un confort fantastique. Le potiron, la poire et la cannelle vont si bien ensemble qu'ils peuvent faire la différence.

| Calories | Protéines | Glucides | Lipides |
|---|---|---|---|
| 223 | 6 | 27 | 12 |

Ingrédients :

- 2 tasses de bouillon de poulet
- 1 bâton de cannelle
- 2 gousses d'ail
- ½ tasse de haricots blancs
- 4 cuillères à soupe d'huile d'olive extra vierge
- 1 oignon

- 1 cuillère à café d'origan séché
- 2 cuillères à soupe d'origan frais
- 2 cuillères à soupe de persil
- 1 poire, évidée et coupée en morceaux
- 1 pincée de poivre noir
- 1 pincée, 1 cuillère à café de sel
- 1 potiron, pelé et coupé en dés
- 2 cuillères à soupe de noix
- ¼ tasse de yaourt grec

Instructions :

1. Préchauffez le four à 175oC
2. Dans un bol, mélanger l'huile d'olive, le sel et le potiron
3. Transférez ce mélange dans une rôtissoire et assurez-vous de bien répartir le tout. Mettez-le au four et laissez cuire pendant environ 25 minutes.

4. Dans une casserole, faites chauffer l'huile et faites revenir les oignons jusqu'à ce qu'ils deviennent translucides. Ajouter l'ail, l'origan séché et faire cuire pendant environ 1 minute.

5. Ajoutez le bâton de cannelle au potiron, la poire et le bouillon. Saler et poivrer, puis couvrir le tout et laisser bouillir.

6. Dès que l'eau bout, ajoutez les noix et les haricots, puis réduisez le feu et laissez mijoter un moment pour permettre aux saveurs de se mélanger. Vous pouvez le laisser pendant environ 20 minutes.

7. Retirez le bâton de cannelle, puis passez la soupe au mixeur pour l'égaliser.

8. Ajoutez le yaourt, en mélangeant la soupe au fur et à mesure, et laissez la soupe devenir crémeuse.

9. Ajouter le persil et l'origan - saler et poivrer, selon le goût.

## Soupe au houmous

Le hoummos est plus connu sous le nom de salsa, mais cette soupe transforme un plat déjà populaire en quelque chose de plus spectaculaire et de plus sain. Cette soupe végétarienne donne vie aux saveurs d'un falafel traditionnel, alors allez-y, dégustez-la avec un morceau de pita rôti pour vous immerger dans la bonté.

| Calories | Protéines | Glucides | Lipides |
|----------|-----------|----------|---------|
| 170 | 5 | 15 | 9 |

Ingrédients :

- 1 poivron, haché

- 3 tasses de bouillon de légumes

- 2 cuillères à soupe de beurre

- 1 boîte de pois chiches

- 1 cuillère à café de coriandre moulue

- 1 cuillère à café de cumin moulu

- 4 gousses d'ail

- 1 cuillère à soupe de jus de citron

- 2 tasses d'oignons, coupés en dés

- 1/8 de cuillère à café de poivre de Cayenne

- ¾ cuillère à café de sel

- 2 cuillères à soupe de pâte de tahini

**Garnisons**

- 1 tasse de fromage féta émietté

- ¼ tasse de coriandre hachée

- 1 citron, coupé en quartiers

- ¼ tasse de persil haché

- 1 tomate prune, coupée en dés

- ½ tasse de yaourt

**Instructions :**

1. Dans une marmite profonde ou un four hollandais, faites chauffer le beurre et faites revenir les oignons, le cumin, le poivre et la coriandre. Assaisonner avec du sel et du poivre rouge. Laissez cuire pendant environ 8 minutes ou jusqu'à ce que les oignons soient translucides.

2. Ajouter l'ail et les pois chiches. Continuez à remuer pendant que vous cuisinez.

3. Ajoutez le bouillon et augmentez le feu. Faites cuire le tout pendant une minute, puis retirez la casserole du feu.

4. Dans un mixeur, mélangez le mélange par paliers, jusqu'à ce qu'il soit lisse. Ajoutez le jus de citron.

5. Servir avec de la tomate, de la feta, de la coriandre, du persil et du yaourt. Enfin, ajoutez des quartiers de citron pour presser.

# Plats principaux

Pour tout repas, le plat principal est la vedette, et c'est lui qui fournit la majeure partie de la nutrition pour le corps. Ces plats sont non seulement nourrissants et nourrissants, mais aussi délicieux. Vous pouvez les manger au déjeuner ou au Souper. Vous pouvez même utiliser certaines de ces recettes lorsque vous avez des visiteurs dans la maison et que vous voulez servir quelque chose de délicieusement impressionnant.

## Pommes de terre et courgettes au four

Ce plat de pommes de terre et de courgettes, également appelé "Briam", est un plat traditionnel grec composé de légumes grillés. Il est simple à préparer et délicieux, surtout lorsqu'il est recouvert d'un peu de feta.

| Calories | Protéines | Glucides | Lipides |
|---|---|---|---|
| 534 | 11.3 | 11.3 | 28.3 |

Ingrédients :

- 4 cuillères à soupe de feta émiettée
- ½ tasse d'huile d'olive
- 2 oignons, coupés en tranches
- 2 cuillères à soupe de persil haché
- 2 livres de pommes de terre, coupées en tranches
- 6 tomates, en purée

- 54 courgettes, coupées en tranches

- sel et poivre, selon le goût

Instructions :

1. Préchauffez le four à 200oC

2. Préparer un grand plat de cuisson (9x13 pouces). Mettez toutes les pommes de terre, les oignons et les courgettes dans l'assiette. Veillez à tout répartir de manière égale.

3. Ajoutez la purée de tomates, le persil et l'huile d'olive. Assaisonnez le plat avec du sel et du poivre. Mélangez tous les ingrédients et assurez-vous que les tranches de légumes sont assaisonnées de façon uniforme. N'hésitez pas à faire une purée de tomates fraîches au lieu d'utiliser celles de la boîte.

4. Mettez le plat au four, laissez cuire pendant une heure, puis remuez le tout et laissez cuire encore une heure, ou jusqu'à ce que les légumes soient bien cuits.

Si les légumes deviennent trop secs, vous pouvez ajouter de l'eau chaude dans l'assiette.

# Saumon grillé avec carottes, betteraves et oranges

Cette étonnante recette de saumon sur un plateau est très simple, mais peut impressionner les invités si vous pensez à cuisiner pour quelques personnes. C'est facile à faire. Vous serez surpris de ce que vous pouvez accomplir.

| Calories | Protéines | Glucides | Lipides |
|---|---|---|---|
| 390 | 38 | 21 | 17 |

Ingrédients :

- 1 betterave Chiogga, coupée en tranches
- 1 betterave dorée, coupée en tranches
- 1 carotte, coupée en tranches
- 1 cuillère à café de graines de fenouil, écrasées
- 2 cuillères à soupe de jus de citron

- 2 cuillères à soupe d'huile d'olive

- 1 oignon, coupé en quartiers

- 2 oranges sanguines, coupées en morceaux

- 1 orange navel, coupée en segments

- 1 ½ lb de filet de saumon

- 2 cuillères à café d'estragon haché

- sel et poivre, selon le goût

Instructions

1. Préchauffez le four à 250oC. Plaque de cuisson en ligne avec du papier parchemin.

2. Séchez le saumon avec une serviette en papier.

3. Sur la plaque du four, placez le poisson au centre et disposez autour les betteraves, carottes, oignons et oranges.

4. Dans un petit bol, mélangez l'huile, les graines de fenouil, le sel et le poivre. Vaporiser ce mélange d'huile sur le dessus du plat.

5. Mettez la plaque de cuisson au four et laissez cuire jusqu'à ce que le poisson se défasse.

6. Lorsque vous êtes prêt, saupoudrez de jus de citron et saupoudrez d'estragon.

## Saumon au citron sur un lit de haricots de Lima

Ce plat nutritif est non seulement coloré, mais aussi délicieux. La saveur épicée du citron lui donne un vrai caractère et un coup de fouet. Les ingrédients nageront avec le lit de haricots, ce sera donc un nouveau plaisir à savourer.

| Calories | Protéines | Glucides | Lipides |
|---|---|---|---|
| 340 | 40 | 25 | 8 |

Ingrédients :

- 3 gousses d'ail, coupées en rondelles
- 1 citron, coupé en tranches, dans son jus et râpé
- 1 livre de haricots de Lima miniatures
- 2 cuillères à café d'huile d'olive extra vierge
- ¾ tsp oregano

- 2 cuillères à soupe de persil haché

- ¾ cuillère à café de paprika

- 1 pincée de flocons de piment

- 1 ½ tasses d'eau

- ½ tasse de yaourt grec

- sel et poivre, selon le goût

**Instructions :**

1. Préchauffez le gril. Tapissez une plaque de cuisson avec du papier d'aluminium.

2. Dans un bol, mélangez le jus de citron avec le yaourt. Ajouter ¼ tsp. paprika. Mettez-le de côté.

3. Dans une casserole, faire chauffer l'huile et faire revenir l'ail, les flocons de piment et l'origan jusqu'à ce que l'ail soit doré.

4. Ajouter les haricots de Lima, l'eau et le zeste de citron. Laissez mijoter avec la poêle légèrement couverte. Maintenez la cuisson jusqu'à ce que les haricots soient cuits et tendres. Assaisonner de sel et de poivre selon le goût.

5. Retirer la poêle du feu et ajouter le persil.

6. Ajoutez la cuillère à café d'huile d'olive et le yaourt. Mélangez lentement.

7. Dans un autre bol, ajouter le reste du paprika et assaisonner de sel et de poivre, selon le goût.

8. Mettez le saumon dans le plat de cuisson préparé. Couvrez chaque saumon avec des tranches et assaisonnez avec le mélange de paprika.

9. Faites griller le saumon jusqu'à ce qu'il soit bien cuit.

10. Disposez les haricots de Lima sur une assiette et placez le saumon grillé dessus. Couvrir avec le mélange citron-jaourt préparé au préalable.

# Moussaka aux légumes

La moussaka est un plat originaire de Grèce et du Moyen-Orient. C'est comme un gâteau salé, qui ressemble beaucoup aux lasagnes italiennes, mais qui est généralement rempli d'aubergines, de pommes de terre et peut ou non contenir de la viande. C'est vraiment délicieux.

| Calories | Protéines | Glucides | Lipides |
| --- | --- | --- | --- |
| 341 | 16 | 36 | 17 |

Ingrédients :

- 1/8 de cuillère à café de cannelle
- 3 aubergines tranchées
- 2 gousses d'ail, hachées
- 2 oignons, coupés en tranches

- 1 cuillère à café de sirop d'érable (facultatif)
- 1 cuillère à soupe d'huile d'olive
- 1 pincée de poivre de Cayenne
- 12 oz de tofu ferme fumé
- 1 boîte de tomates prunes, égouttées et coupées en dés (conserver le jus)
- 1 cuillère à soupe de pâte de tomate
- sel et poivre, selon le goût

Sauce béchamel

- 2 ½ tasses de lait d'amande
- 1/8 de cuillère à café de noix de muscade moulue
- ½ cuillère à café de sel
- 2 cuillères à soupe de fécule de pomme de terre
- 2 cuillères à soupe de levure nutritionnelle

Instructions :

1. Faites chauffer les cubes de tomates avec le jus de tomate dans une poêle. Faire bouillir pendant environ 10 minutes ou jusqu'à ce que la sauce épaississe.

2. Ajoutez le sirop d'érable, la purée de tomates, la cannelle, le sel et le poivre. Remuez bien et retirez la casserole du feu.

3. Badigeonner les aubergines d'huile d'olive et les assaisonner de sel selon le goût. Faites frire les aubergines dans une poêle jusqu'à ce qu'elles soient dorées. Laissez-les sur une serviette en papier pour enlever l'excès d'huile.

4. Faites chauffer l'huile dans une autre poêle et faites revenir l'oignon et l'ail. Faites cuire jusqu'à ce que les oignons soient translucides. Ajoutez le tofu fumé et laissez le tout se décomposer. Ajouter la sauce tomate et bien mélanger. Écartez-vous.

5. Préchauffez le four à 200oC. Préparez et graissez un plat de cuisson.

6. Disposez les aubergines assaisonnées sur une plaque de cuisson. Faites une couche d'aubergines et recouvrez-la ensuite de sauce tomate et de tofu. Faites une autre couche d'aubergines, puis ajoutez le reste de la sauce tomate et du tofu. Mettez cela de côté.

7. Créer la béchamel. Dans une casserole, faire chauffer ½ tasse de lait d'amande. Ajoutez la levure, l'amidon, la noix de muscade et le sel. Chauffez le tout jusqu'à ce que la sauce épaississe, soit environ 5 à 10 minutes.

8. Prenez le plat de cuisson avec les aubergines et versez la sauce béchamel dessus. Mettre le plat au four. Laissez les choses cuire jusqu'à ce que le dessus soit d'un beau brun doré, ou pendant environ 25-30 minutes.

# Moules avec olives et pommes de terre

Vous voulez manger des fruits de mer ? Ce plat de fruits de mer n'a rien à voir avec ce à quoi vous vous attendiez. Les saveurs vous surprendront et vous feront sourire, surtout si vous aimez les moules. Les olives et les pommes de terre lui donnent une texture différente et le rendent beaucoup plus agréable à chaque bouchée.

| Calories | Protéines | Glucides | Lipides |
|---|---|---|---|
| 345 | 23 | 30 | 14 |

Ingrédients :

- 1 pincée de piment de la Jamaïque

- 4 gousses d'ail, coupées en tranches

- 2 ¼ lbs moules, frottés

- 2/3 tasse d'olives vertes, dénoyautées et coupées en deux
- 2 cuillères à soupe d'huile d'olive extra vierge
- 1 oignon, coupé en tranches
- ½ cuillère à café de paprika
- ½ tasse de persil haché
- 1 pincée de poivre de Cayenne
- 2 pommes de terre, en morceaux
- 1 pincée de sel
- 1 boîte de tomates en dés

Instructions :

1. Dans un récipient allant au micro-ondes, trempez les morceaux de pommes de terre et faites-les tremper dans l'eau de ¼. Couvrez-le et mettez-le au micro-ondes. Faites chauffer pendant environ 6 minutes ou

jusqu'à ce que les pommes de terre soient tendres. Vidangez l'eau.

2. Dans une grande marmite (ou un four hollandais), faites chauffer un peu d'huile. Faire revenir l'ail et l'oignon jusqu'à ce que les oignons soient translucides.

3. Ajouter les pommes de terre, ainsi que le poivre de Cayenne, le paprika, le piment de la Jamaïque et 1 cuillère à café de sel ½. Remuez bien le tout pour vous assurer que les pommes de terre sont bien recouvertes des différentes épices.

4. Ajoutez les tomates et ajoutez 1 tasse d'eau. Grattez le fond du pot si quelque chose a bruni quand il s'est coincé. Laissez mijoter pendant environ 10 minutes ou jusqu'à ce que les pommes de terre soient tendres.

5. Ajoutez les moules, le persil et les olives. Laissez cuire pendant 5 minutes ou jusqu'à ce que les moules s'ouvrent. Vérifiez les boyaux. Veillez à vous débarrasser de ceux qui ne se sont pas ouverts.

## Poulet au citron

Ce plat de poulet est non seulement sain, mais aussi très délicieux. Les saveurs des ingrédients se mélangent parfaitement, pour chaque bouchée juteuse.

| Calories | Protéines | Glucides | Lipides |
|---|---|---|---|
| 517 | 30.8 | 65.1 | 16.7 |

Ingrédients :

- 4 filets de poitrine de poulet sans peau, coupés en deux
- 4 gousses d'ail pressées
- 1 citron, coupé en tranches
- 2 cuillères à soupe de jus de citron
- 2 cuillères à soupe de zeste de citron
- ¼ tasse d'huile d'olive

- 1 oignon, route

- 1 cuillère à soupe d'origan

- ½ cuillère à café de poivre

- 1 poivron rouge, coupé en tranches

- 8 petites pommes de terre rouges, coupées en deux

- ¾ cuillères à café de sel

**Instructions :**

1. Préchauffez le four à 200oC

2. Dans un bol, mélangez le zeste de citron, le jus de citron, l'huile d'olive, l'origan, l'ail, le sel et le poivre. Mélangez tout. Mettez-le de côté.

3. Disposez les tranches de poulet marinées sur une plaque de cuisson. Répartissez la marinade au citron sur les tranches de poulet.

4. Mélangez les petites pommes de terre rouges, les oignons, les tranches de citron et le poivron rouge dans un bol. Versez le reste de la marinade sur les légumes. Couvrez-les bien et ajoutez-les au plat de cuisson.

5. Mettre le plat au four et laisser cuire jusqu'à ce que le poulet soit cuit.

# Aubergines et aneth dans une sauce au yaourt

Vous souhaitez un repas léger mais savoureux ? Il n'y a pas de viande dedans, mais l'aubergine vous aidera à vous rassasier. La sauce au yaourt et à l'aneth sera merveilleuse. Je suis sûr que vous trouverez cela intéressant.

| Calories | Protéines | Glucides | Lipides |
|---|---|---|---|
| 256 | 5 | 14 | 21 |

Ingrédients :

- 1 pincée d'aneth
- 3 gousses d'ail non pelées
- 1 livre d'aubergines, hachées
- ¼ tasse d'huile d'olive
- 3 échalotes, non pelées

- 1 cuillère à soupe de noix

- ½ tasse de yaourt naturel

- sel et poivre, selon le goût

**Instructions**

1. Préchauffez le four à 200oC. Préparez une plaque de cuisson.

2. Dans le plat de cuisson, mélanger l'aubergine, les échalotes, l'ail, l'huile d'olive, le sel et le poivre. Veillez à ce qu'ils soient bien mélangés. Mettez-le au four. Laissez rôtir pendant environ 30 minutes.

3. Sortez-les et ajoutez les noix, puis remettez-les dans le four. Laissez cuire pendant 8 minutes. Laissez les choses se calmer un peu.

4. Prenez les échalotes et l'ail et pressez-les hors de votre peau. Ramenez-le à l'assiette.

5. Ajouter de l'aneth frais et recouvrir de yaourt. Assaisonnez le tout avec du sel et du poivre, selon votre goût.

# Côtelettes d'agneau grillées avec des feuilles de menthe

Avez-vous déjà mangé de l'agneau ? La meilleure façon d'apprécier la richesse de la viande d'agneau est d'utiliser de la menthe, car elle fait ressortir les bonnes saveurs. Certaines personnes sont intimidées par l'agneau, mais vous ne devriez pas l'être. Ce plat est facile à préparer et vous l'apprécierez sûrement.

| Calories | Protéines | Glucides | Lipides |
|---|---|---|---|
| 238 | 20 | 1 | 17 |

Ingrédients :

- 2 gousses d'ail écrasées
- 12 côtelettes d'agneau
- ½ tasse de menthe fraîche, hachée
- 1/3 de tasse d'huile d'olive extra vierge

- ¼ cuillère à café de flocons de poivre

- 1 pincée de sel

**Instructions :**

1. Préchauffez le gril à feu moyen

2. Dans un bol, mélanger l'huile d'olive, les flocons de piment rouge et la menthe. Assaisonnez-le avec du sel, selon votre goût. Mettez-le de côté.

3. Prenez les côtelettes d'agneau et frottez-les avec de l'ail. Prenez un peu du mélange à la menthe et badigeonnez les morceaux d'agneau.

4. Faites rôtir les côtelettes d'agneau pendant environ 4 minutes de chaque côté.

5. Une fois cela fait, placez les côtelettes d'agneau sur un plateau. Saupoudrer de menthe fraîche et verser l'huile de menthe dessus.

# Pois chiches et épinards

Ce plat est également connu sous le nom d'épinards aux pois chiches, c'est un repas léger ou une garniture parfaite. Il a de profondes racines africaines et un goût très intéressant.

| Calories | Protéines | Glucides | Lipides |
|----------|-----------|----------|---------|
| 169 | 7.3 | 26 | 4.9 |

Ingrédients :

- ½ cuillère à café de cumin

- 4 gousses d'ail, hachées

- 1 boîte de pois chiches, égouttés

- 1 cuillère à soupe d'huile d'olive extra vierge

- ½ oignon haché

- ½ cuillère à café de sel

- 10 oz d'épinards, hachés

Instructions :

1. Dans une petite casserole, faire chauffer l'huile d'olive et faire revenir l'oignon et l'ail jusqu'à ce que les oignons soient translucides.

2. Ajouter les épinards, le cumin, les pois chiches et le sel. Remuez bien le tout et essayez d'écraser les pois chiches pendant la cuisson.

## Saumon grillé avec olives et thym

Ce plat de saumon grillé est passionnant. La méthode de cuisson au papier d'aluminium garantit que la viande absorbe toute la saveur pendant la cuisson. Et vous allez adorer la façon dont toute la saveur explose quand vous l'ouvrez. Ne manquez pas de vivre ce moment.

| Calories | Protéines | Glucides | Lipides |
|---|---|---|---|
| 493 | 36.2 | 9.5 | 34.4 |

Ingrédients :

- 4 morceaux (12x18 pouces) de papier d'aluminium

- 8 feuilles de basilic

- 2 cuillères à soupe de tapenade d'olives

- 4 cuillères à soupe d'huile d'olive extra vierge

- 1 pincée de poivre noir

- 4 filets de saumon

- ½ cuillère à café de sel

- 1 échalote, hachée

- 4 branches de thym

- 10 oz de tomates cerises, coupées en quartiers

Instructions :

1. Préchauffez le grill et graissez légèrement.

2. Dans un bol, mélangez l'huile d'olive, les tomates, la tapenade d'olive, l'échalote, le thym, le sel et le poivre.

3. Placez un morceau de saumon sur un morceau de papier d'aluminium et recouvrez-le entièrement de la marinade de tomates cerises. Pliez les bords pour créer une sorte d'emballage avec le poisson et la marinade à l'intérieur.

4. Disposez les paquets sur le grill. Laissez cuire pendant environ 7-8 minutes ou jusqu'à ce que la peau du saumon devienne rose pâle. Laissez reposer un peu avant de l'ouvrir.

## Pizza au chou-fleur dans une sauce grecque au yaourt et au pesto

Qui a dit que la pizza ne pouvait pas être saine ? Cette pizza au chou-fleur est pauvre en glucides et délicieusement végétarienne. Il n'a pas l'air végétarien car la sauce pesto au yaourt grec est incroyablement absente du menu.

Ne soyez pas intimidé par l'argent. Cette recette n'est pas si difficile, alors allez-y, essayez-la vous-même.

| Calories | Protéines | Glucides | Lipides |
|---|---|---|---|
| 331 | 10 | 15 | 30 |

Ingrédients :

Bark

- 12 tasses de chou-fleur haché
- 1 1/3 tasse, 4 cuillères à soupe de parmesan râpé
- 2 blancs d'œufs
- 1 cuillère à café, 1 cuillère à soupe d'ail haché
- 1 cuillère à café d'assaisonnement italien
- Sel et poivre, selon le goût

**Sauce**

- ½ tasse de basilic haché
- 2 cuillères à café d'ail haché
- 1 cuillère à soupe d'huile d'olive
- ½ tasse de yaourt grec
- sel et poivre, selon le goût

**Garnisons**

- 1 pincée de basilic (pour la garniture)
- ½ tasse de parmesan

- ½ cuillère à soupe d'huile d'olive

- 3 tomates roms, coupées en tranches

- 1 courgette tranchée

Instructions :

1. Préchauffez le four à 200oC. Tapissez un plateau à pizza de papier parchemin.

2. Dans un robot ménager, placez le chou-fleur et mélangez-le jusqu'à ce qu'il ait la bonne texture pour la croûte. Vous pouvez les approcher par lots afin de pouvoir les broyer correctement.

3. Dans un récipient pour micro-ondes, transférez tout le chou-fleur et faites-le chauffer pendant 7 minutes. Laissez refroidir pendant environ 10-15 minutes, puis égouttez l'eau excédentaire avec un essuie-tout. Il faut bien faire les choses si l'on ne veut pas avoir une croûte détrempée.

4. Ramenez le chou-fleur égoutté dans le bol.

5. Ajoutez l'assaisonnement italien, le sel, l'ail, 1 1/3 tasse de parmesan et du poivre. Mélangez bien le tout.

6. Ajouter les blancs d'œufs et bien mélanger, puis diviser la "pâte" en quatre boules.

7. Étalez les boules sur les plateaux de pizza, en laissant une arête former le bord de la pizza. Mettez la croûte au four et faites-la cuire pendant environ 30 minutes ou jusqu'à ce qu'elle soit dorée.

8. Pendant ce temps, mettez le yaourt, l'ail et le basilic dans le robot et laissez agir jusqu'à ce que le tout soit crémeux et lisse. Ajoutez progressivement l'huile d'olive au fur et à mesure que vous mélangez les choses. Mettez-le de côté.

9. Préchauffez le gril.

10. Dans un bol, mélangez les courgettes, l'huile d'olive, les tomates, le sel et le poivre.

11. Sortez la croûte du four et assemblez la pizza.

12. Saupoudrer le fromage sur la croûte. Étaler la sauce au yaourt sur la surface et placer les légumes rôtis dessus. Faites griller les pizzas jusqu'à ce que le fromage fonde.

# Boulettes de viande de dinde Gyro

Un gyro est un sandwich, mais contrairement à votre sandwich habituel, le pain que vous utilisez est un pain plat ou un pita. Une délicieuse sauce au yaourt appelée Tzatziki accompagne cette boulette de viande qui tourne. Tout dans cette assiette est tout simplement délicieux.

| Calories | Protéines | Glucides | Lipides |
|---|---|---|---|
| 429 | 28 | 38 | 19 |

Ingrédients :

Boulettes de viande

- 2 gousses d'ail, hachées
- 2 cuillères à soupe d'huile d'olive

- ¼ tasse d'oignon, en dés
- 1 cuillère à café d'origan
- 1 tasse d'épinards hachés
- 1 livre de dinde hachée
- sel et poivre, selon le goût

**Sauce**

- 4 pains plats de blé entier
- ¼ tasse de concombre, déchiqueté
- 1 tasse de concombre, coupé en dés
- ½ tsp dill
- ½ cuillère à café de poudre d'ail
- 2 cuillères à soupe de jus de citron
- ½ tasse d'oignons tranchés
- 1 tasse de tomate en dés

- ½ tasse de yaourt grec

- sel, au goût

Instructions :

1. Dans un grand bol, mélangez la dinde hachée, l'oignon, l'origan, l'ail, les épinards, le sel et le poivre. Mélangez le tout avec vos mains et formez des boules d'environ 1 pouce de diamètre. Assurez-vous qu'ils restent ensemble suffisamment longtemps.

2. Dans une poêle, faites chauffer l'huile et faites cuire les boulettes de viande pendant environ 4 minutes chacune ou jusqu'à ce que toutes les faces soient dorées. Laissez-la reposer dès que vous l'aurez fait.

3. Dans un bol, mélangez le concombre râpé, le yaourt, l'aneth, le jus de citron, la poudre d'ail et le sel. Mélangez tout. C'est votre sauce Tzatziki.

4. Vous pouvez maintenant construire votre gyroscope. Avec un pain plat, disposez trois boulettes de viande

et remplissez-les de tomates, de concombre et d'oignon. Recouvrez généreusement de sauce tzatziki pour lui donner un magnifique coup de fouet.

# Desserts

## Crème aigre aux baies et crème aigre aux baies

Fermez les yeux et imaginez ceci : un jardin de framboises et de fraises nageant dans la crème aigre. Les saveurs contrastées sont bien scellées par la richesse du sucre brun. Bien sûr, lorsqu'il est servi devant soi, il y a toujours de la place pour le dessert. Et pour cause, puisque ce plat est beau, délicieux et bon pour le cœur.

| Calories | Protéines | Glucides | Lipides |
|---|---|---|---|
| 172 | 1.8 | 17.1 | 11.5 |

Ingrédients :

- 2 tasses de framboises

- 2 tasses de fraises

- 2 tasses de crème aigre

- ½ tasse de sucre brun

**Instructions :**

1. Préchauffez le gril. Préparer un plat de cuisson

2. Étaler les fraises et les framboises sur la plaque de cuisson

3. Étendre la crème aigre sur les baies à l'aide d'une spatule

4. Avec vos mains, saupoudrez de sucre brun sur toute l'assiette

5. Mettre le plat au four. Laissez cuire jusqu'à ce que le sucre fonde et caramélise. Cela devrait prendre environ cinq minutes, mais surveillez bien pour qu'il ne brûle pas.

## Salade de fruits rouges à la vanille et au sirop de citron

Les fruits sont de différentes couleurs, mais le plus important est le rouge. Le rouge est presque synonyme de maturité et de richesse. Il crie au goût. Cette salade de fruits va être mémorable. Les saveurs sont intéressantes et vraiment délicieuses. Soyez un peu créatif avec la garniture. Vous pouvez utiliser de la menthe, des graines de sésame noir, de la crème fouettée, des flocons de noix de coco grillés ou du pollen d'abeille. Le nappage doit être quelque chose qui attirera votre dessert, si le son d'une salade de fruits ne suffit pas.

| Calories | Protéines | Glucides | Lipides |
|---|---|---|---|
| 235 | 3 | 58.7 | 1 |

Ingrédients :

Salade

- 2 tasses de cerises, dénoyautées et coupées en deux
- 2 pêches, coupées en tranches
- 1 tasse de framboises
- 1 tranche de rhubarbe
- 1 livre de fraises, décortiquées et coupées en tranches

Sirop

- 3 citrons
- ½ tasse de sucre
- 1 gousse de vanille
- ¼ tasse d'eau

Instructions :

1. Prenez un citron et épluchez-le avec un économe. Pressez les citrons, jusqu'à ce que vous ayez environ ¼ tasse de jus. Mettez-le de côté.

2. Fendre la gousse de vanille et en retirer les graines.

3. Dans une casserole, rassemblez l'écorce de citron, les gousses de vanille, l'eau et le sucre. Faites tout cuire jusqu'à ce que le sucre se dissolve.

4. Ajoutez le jus de citron. Laissez refroidir, puis retirez les graines et la coquille.

5. Conservez le sirop au réfrigérateur pour qu'il refroidisse.

6. Dans un bol, mélanger la rhubarbe et environ 3 cuillères à soupe de sirop de citron-vanille. Laissez reposer pendant environ 15 minutes.

7. Ajoutez les pêches, les cerises et les fraises. Ajoutez le sirop si vous pensez qu'il est en train de sécher.

Transférez le tout dans un plat de service. Ajouter les framboises et couvrir de crème fouettée et de sirop supplémentaire.

## Pudding au yaourt de Chia

Qui a dit que les desserts sucrés devaient être mauvais ? C'est une véritable centrale nutritionnelle. N'hésitez pas à utiliser le fruit de votre choix pour obtenir le goût et la couleur désirés. Ce dessert a l'air et le goût délicieux.

| Calories | Protéines | Glucides | Lipides |
| --- | --- | --- | --- |
| 263 | 10.4 | 21.1 | 15.9 |

Ingrédients :

- 2/3 tasse de graines de chia

- 1 cuillère à café de cannelle moulue
- 2 cuillères à soupe de graines de lin
- 1 tasse de fruits (myrtilles, fraises, canneberges, bananes)
- 2 cuillères à soupe de graines de chanvre décortiquées
- 1 cuillère à soupe de sirop d'érable (ou de miel)
- 1 tasse de lait de soja non sucré
- 1 cuillère à café d'extrait de vanille
- 1 tasse de yaourt grec

Instructions :

1. Dans un bol, rassemblez le yaourt grec et le lait de soja. Mélangez bien.

2. Ajoutez les graines de lin, les graines de chanvre, le sirop d'érable ou le miel, l'extrait de vanille et la cannelle. Mélangez bien le tout.

3. Ajouter les graines de chia.

4. Couvrez tout et réfrigérez pendant 15 minutes. Sortez-le brièvement et mélangez bien le tout. Si vous pensez qu'il a l'air trop sec, n'hésitez pas à ajouter du lait de soja. Ramenez-le au réfrigérateur et laissez-le y refroidir pendant environ une heure.

# Pommes et noix avec du yaourt à la crème fouettée

Qu'est-ce que le yaourt à la crème fouettée ? C'est de la crème et des milk-shakes au yaourt pour donner de l'onctuosité à un dessert comme celui-ci. Le yaourt à la crème fouettée est épais et lisse et constitue un lit parfait pour les fruits et les noix. Dans la bouche, cela ressemble à de la glace, mais c'est moins pécheresse.

| Calories | Protéines | Glucides | Lipides |
|---|---|---|---|
| 315 | 6.4 | 26.7 | 21.9 |

Ingrédients :

- 2 pommes, épépinées et coupées en morceaux
- 2 cuillères à soupe de beurre non salé

- 1/8 de cuillère à café de cannelle moulue
- ½ tasse de crème épaisse
- 1 cuillère à soupe de miel
- 2 cuillères à soupe de sucre
- ¼ tasse de noix, grillées et hachées
- 1 tasse de yaourt grec

Instructions

1. Dans un bol, mettez la crème, le yaourt et le miel ensemble. Mélangez bien, à la main ou avec un mixeur, jusqu'à ce que le mélange épaississe et atteigne son maximum.

2. Dans une grande casserole, faire chauffer le beurre. Ajouter les pommes et une cuillerée de sucre. Remuez jusqu'à ce que les pommes soient tendres, environ 8 minutes. Dès qu'ils sont mous, ajoutez la cannelle et la cuillerée de sucre restante. Faites cuire pendant environ 2 minutes supplémentaires, puis retirez du feu.

3. Placez dans un bol avec de la crème fouettée dans le fond et des pommes et des noix sur le dessus.

## Yogourt granola à la pistache

Ce dessert simple ne ressemble pas à grand-chose, mais le baklava traditionnel lui donne sa saveur. Mais il devient plus sain pour que vous puissiez profiter du même goût délicieux sans vous sentir trop coupable d'apprécier quelque chose de bon. Il est riche en protéines et en fibres et peut être dégusté en dessert ou en collation.

| Calories | Protéines | Glucides | Lipides |
|---|---|---|---|
| 320 | 18 | 36 | 13 |

Ingrédients :

- 1/3 de tasse d'abricots secs, hachés
- 2 cuillères à soupe de beurre non salé
- 1 cuillère à café de cannelle moulue

- 1 blanc d'œuf

- 2 cuillères à soupe de miel

- 2 tasses de flocons d'avoine

- 2 cuillères à café de zeste d'orange

- ½ tasse de pistaches rôties, hachées et salées

- 2 tasses de yaourt grec

Instructions :

1. Préchauffez le four à 175oC

2. Dans un bol, rassemblez les flocons d'avoine, le beurre, le miel, les écorces d'orange et la cannelle. Mélangez bien le tout.

3. Dans un autre bol, battez l'œuf. Continuez à battre le mélange jusqu'à ce qu'il mousse, puis ajoutez-le au mélange d'avoine. Laissez ce mélange sécher sur une serviette en papier.

4. Transférez le tout dans le moule et mettez-le au four. Laissez les choses cuire pendant environ 25 minutes. Laissez-le refroidir.

5. Une fois refroidi, divisez tout en petits groupes. Ajouter les abricots secs et les pistaches grillées et salées. Servir sur un lit de yaourt grec.

## Raisins et fromage de chèvre aux baies de blé

Après un repas complet, vous voudrez quelque chose de sucré pour divertir votre palais, et ce simple dessert au raisin sera intéressant. Le contraste des saveurs de raisin et de fromage de chèvre explosera magnifiquement dans votre bouche. La texture des raisins lui donnera du caractère et rendra chaque bouchée vraiment mémorable. N'hésitez pas à prendre votre petit déjeuner. Vous pouvez le préparer à l'avance si vous n'avez pas le temps le matin.

| Calories | Protéines | Glucides | Lipides |
|---|---|---|---|
| 326 | 9 | 54 | 10 |

Ingrédients :

- 1 oz de fromage de chèvre

- 1 cuillère à café de vinaigre balsamique

- 2 tasses de baies de blé

- 1 livre de raisins rouges sans pépins

- 1 cuillère à soupe d'huile d'olive

- ¼ cuillère à café de sel

- ¼ tasse de noix rôties, hachées

Instructions :

1. Préchauffez le four à 200oC

2. Dans un plat de cuisson, mélangez les raisins, l'huile d'olive et le sel. Bien mélanger pour que les raisins soient bien assaisonnés. Mettez-le au four et laissez cuire pendant environ 15 minutes.

3. Une fois cela fait, transférez les raisins dans le bol. Ajouter le vinaigre. Mélangez bien le tout.

4. Prenez les baies de blé et divisez-les en 4 bols. Couvrez chaque bol avec le mélange de raisins. Saupoudrez le tout de noix hachées et de fromage de chèvre avant de servir.

# Salade arc-en-ciel

L'arc-en-ciel est un beau spectacle qui apparaît généralement dans le ciel après un épisode de pluie. C'est un bel étalage de couleurs et quand on parle de couleurs, il est bien représenté par plusieurs fruits. Pour ce dessert simple et sain, les fruits les plus sélects et les plus beaux sont récoltés et préparés. C'est peu calorique, mais c'est étonnant !

| Calories | Protéines | Glucides | Lipides |
|---|---|---|---|
| 87 | 1.1 | 22.3 | 0.4 |

Ingrédients :

- ½ pinte de myrtilles

- 1 tasse de raisins sans pépins, coupés en deux

- 2 cuillères à soupe de miel

- 2 cuillères à soupe de jus de citron vert

- 1 cuillère à soupe de menthe hachée

- 1 pêche, dénoyautée et coupée en dés

- 1 pinte de fraises, coupées en deux

Instructions :

1. Dans un grand bol, rassemblez le jus de citron et le miel. Mélangez-les bien jusqu'à ce qu'ils soient bien incorporés.

2. Ajoutez les myrtilles, les fraises, les raisins et les pêches. Remuez bien le tout, en vous assurant que les fruits sont bien recouverts.

3. Recouvrez le tout de feuilles de menthe

## Quinoa au gingembre et aux bananes

Les saveurs de tout pain d'épices rappellent une occasion spéciale : Noël. Cette simple recette de pain d'épices est le dessert ou le petit déjeuner parfait pour tous pendant les joyeuses fêtes où tout le monde passe un si bon moment.

| Calories | Protéines | Glucides | Lipides |
|---|---|---|---|
| 213 | 4.5 | 41 | 4.1 |

Ingrédients :

- 1/3 de cuillère à café de piment de la Jamaïque moulu
- ¼ tasse d'amandes, en lamelles
- 3 bananes, en purée

- 1 cuillère à soupe de cannelle

- 1 cuillère à café de clous de girofle en poudre

- 1 cuillère à café de gingembre moulu

- ¼ tasse de sirop d'érable

- 2 ½ tasses de lait aux amandes et à la vanille

- ¼ tasse de mélasse

- 1 tasse de quinoa brut

- ½ cuillère à café de sel

- 2 cuillères à café d'extrait de vanille

**Instructions :**

1. Dans une casserole profonde, mélanger les bananes, le sirop d'érable, l'extrait de vanille, la mélasse, la cannelle, les clous de girofle, le gingembre, le piment

de la Jamaïque et le sel. Mélangez bien, puis ajoutez le quinoa jusqu'à ce qu'il soit bien mélangé.

2. Ajouter le lait d'amande et mélanger. Gardez tout au réfrigérateur pendant la nuit.

3. Lorsque vous êtes prêt à préparer le plat, préchauffez le four à 175 °C.

4. Prenez le mélange de quinoa refroidi et battez-le pour vous assurer que rien ne s'est déposé au fond. Couvrez le plat de papier d'aluminium et mettez-le au four. Faites cuire au four pendant 1 heure et 15 minutes.

5. Retirer le plat et saupoudrer les amandes. Allumez le four et faites cuire jusqu'à ce que les noix soient dorées. Sortez-les et laissez-les refroidir avant de les manger.

## Yaourt glacé à la feta

Si vous voulez quelque chose de sucré et de rafraîchissant, surtout par une chaude journée, c'est le cadeau idéal. Cette recette de dessert est très facile à réaliser, mais elle est amusante et délicieuse. Personne ne considère la feta comme un dessert, mais cela vous fera changer d'avis.

| Calories | Protéines | Glucides | Lipides |
|---|---|---|---|
| 161 | 6.6 | 11.8 | 10 |

Ingrédients :

- ½ tasse de fromage feta
- 1 cuillère à soupe de miel
- 1 tasse de yaourt grec

Instructions :

1. Dans un robot ménager, rassemblez tous les ingrédients et mélangez jusqu'à l'obtention d'une texture lisse. Transférer les ingrédients mélangés dans un récipient rempli à la bouche et placer au congélateur.

2. Sortez le mélange congelé et écrasez-le en morceaux.

3. Dans un mixeur, ajoutez quelques cuillères à soupe et du lait ou de l'eau, puis mélangez le mélange congelé. Faites-le jusqu'à ce que vous obteniez un mélange lisse. Saupoudrer de miel avant de servir.

## Crêpes au yaourt et aux baies

Les crêpes ne sont peut-être pas très populaires comme dessert, mais certaines personnes apprécieraient une crêpe fruitée en guise d'après-Souper. Qui a dit que l'on ne pouvait manger des crêpes que le matin, n'est-ce pas ? Ce plat est simple et gratifiant.

| Calories | Protéines | Glucides | Lipides |
|---|---|---|---|
| 258 | 11 | 33 | 8 |

Ingrédients :

- 2 cuillères à café de levure chimique

- 1 cuillère à café de bicarbonate de soude

- ½ tasse de myrtilles (facultatif)

- 3 cuillères à soupe de beurre non salé, fondu
- 3 œufs
- 1 ½ tasse de farine tout usage
- ½ tasse de lait
- ¼ cuillère à café de sel
- ¼ tasse de sucre
- 1 ½ tasses de yaourt grec

Instructions :

1. Dans un bol, mélangez la farine, la levure chimique, le sel et le bicarbonate de soude. Mettez-le de côté.

2. Dans un autre bol, mélangez le beurre, les œufs, le sucre, les œufs, le yaourt et le lait. Mélangez le tout jusqu'à ce que le mélange soit lisse.

3. Mélangez les ingrédients secs et humides. Mélangez jusqu'à ce que le mélange soit lisse, puis laissez reposer pendant environ 20 minutes.

4. Pliez les canneberges si vous voulez les utiliser.

5. Graissez la plaque avec du beurre en spray ou du beurre. Faites chauffer la plaque de cuisson et versez environ ¼ tasse de pâte et commencez à cuire les crêpes. Laissez-les cuire jusqu'à ce que la surface fasse des bulles. Retournez la crêpe et faites cuire l'autre côté. Mettez-le de côté sur une assiette et préparez le reste de la pâte.

6. Servez la pile de crêpes avec une cuillerée de yaourt grec. Couvrez le tout avec des baies assorties pour plus de saveur et de texture.

# Chapitre 4 : Votre Plan Alimentaire Méditerranéen De 14 Jours

Un plan de repas est un horaire de repas. Les cuisiniers à domicile ou les architectes d'intérieur prennent un moment de leur temps pour s'asseoir et régler les détails des repas qu'ils vont prendre dans la semaine ou le mois à venir.

Avez-vous déjà planifié un repas ? En tant que nouveau venu dans le régime méditerranéen, comprenez qu'il ne sera pas facile de rompre avec les vieilles habitudes et de vous immerger dans un nouveau style de vie. Mais votre effort sera plus fructueux s'il est plus systématique.

## L'importance de la planification des repas : élaborer votre plan de repas pour le régime méditerranéen

Si vous n'avez pas l'habitude de planifier les repas, cela peut vous sembler excessif. Vous pensez peut-être que c'est une perte de temps que de devoir s'asseoir et se préoccuper de ce que vous allez manger le mois prochain. Mais il se peut que je ne puisse pas encore en profiter.

Les planificateurs de repas d'Avid le font régulièrement car cela leur facilite la vie. Peut-être qu'une fois qu'il aura réalisé sa véritable valeur, il changera d'avis.

La planification des repas pour les débutants du régime méditerranéen est essentielle pour les raisons suivantes

1. Vous savez, quand vous êtes sur le point de préparer un repas et que vous passez quelques bonnes minutes à regarder le réfrigérateur et le garde-manger, à essayer de trouver quoi cuisiner et que vous vous sentez coincé ? Vous voulez cuisiner quelque chose, mais vous vous rendez compte que vous n'avez pas les ingrédients pour le faire. Tout est stressant.

   Mais si vous vous asseyez et faites un plan de repas à l'avance, vous n'avez pas à réfléchir à ce que vous allez faire. Une fois que vous avez élaboré votre menu, vous pouvez faire vos courses et vous procurer les fournitures dont vous avez besoin. Cela vous permettra d'économiser beaucoup de temps et d'efforts.

2. **C'est plus économique.** Comme vous avez le temps de planifier vos repas, vous pouvez éviter un gaspillage excessif d'ingrédients. Vous pouvez acheter des composants que vous pouvez utiliser pour certains aliments, ce qui vous permet de maximiser l'utilité des aliments dans votre garde-manger.

   Le problème de la cuisine inutile est que vous n'avez pas de plan. Vous allez au supermarché et vous vous procurez divers ingrédients dont vous pouvez avoir besoin ou non.

3. **Il encourage une alimentation saine.** Tout d'abord, lorsque vous préparez vos repas, vous devez

vérifier la recette pour vous assurer que vous n'utilisez que des ingrédients sains. La planification des repas permet d'organiser les choses car vous pouvez vous préparer à l'avance. Ainsi, vous n'aurez pas d'options et ne devrez pas recourir à des livraisons de plats à emporter ou de nourriture. Lorsque vous planifiez vos repas, vous prenez la responsabilité de choisir ce que vous mettez dans votre assiette et vous pouvez vous assurer qu'elle est saine.

## Semaine 1 : Plan alimentaire méditerranéen

### Premier jour

|  | Plat | Contenu calorique |
|---|---|---|
| Petit déjeuner | Toast à l'avocat | 200 |

| | | |
|---|---|---|
| Dîner | Soupe au poulet Avgolemono | 451 |
| Souper | Salade d'épeautre | 365 |
| Total des calories : | | 1016 |

Deuxième jour

| | Plat | Contenu calorique |
|---|---|---|
| Petit déjeuner | Toast aux haricots et aux tranches | 354 |
| Dîner | Poulet au citron | 517 |

| | | |
|---|---|---|
| Souper | Soupe méditerranéenne à la pomme de terre | 111 |
| Total des calories : | | 982 |

Troisième jour

|  | Plat | Contenu calorique |
|---|---|---|
| Petit déjeuner | Bol à œufs et quinoa | 366 |
| Dîner | Moussaka aux légumes | 341 |
| Souper | Salade de pois chiches et de courgettes | 258 |
|  | Total des calories : | 965 |

Quatrième jour

|  | Plat | Contenu calorique |
|---|---|---|
| Petit déjeuner | Oeufs pochés à la poêle | 259 |
| Dîner | Zuppa Di Pesce | 393 |
| Souper | Soupe au poulet et au citron | 330 |
| | Total des calories : | 982 |

Cinquième jour

| | Plat | Contenu calorique |
|---|---|---|
| Petit déjeuner | Œufs brouillés aux épinards et aux framboises | 296 |
| Dîner | Salade de roquette aux figues et aux noix | 403 |
| Souper | Côtelettes d'agneau grillées avec des feuilles de menthe | 238 |
| | Total des calories : | 937 |

Sixième jour

| | Plat | Contenu calorique |
|---|---|---|
| Petit déjeuner | Quartiers d'omelette aux œufs avec du fromage brie et du lard | 395 |
| Dîner | Saumon grillé avec carottes, betteraves et oranges | 390 |
| Souper | Artichaut de Provence | 147 |
| | Total des calories : | 932 |

Septième jour

| | Plat | Contenu calorique |
|---|---|---|
| Petit déjeuner | Du gruau pour la nuit | 258 |
| Dîner | Saladier de Falafel | 561 |
| Souper | Pois chiches, haricots et épinards | 169 |
| | Total des calories : | 988 |

## Semaine 2 : Plan alimentaire méditerranéen

8ème jour

| | Plat | Contenu calorique |
|---|---|---|

| | | |
|---|---|---|
| Petit déjeuner | Bol matinal de pois chiches et de concombres | 365 |
| Dîner | Aubergines et aneth dans le yaourt | 256 |
| Souper | Soupe de pommes de terre | 350 |
| | Total des calories : | 971 |

## Neuvième jour

| | Plat | Contenu calorique |
|---|---|---|
| Petit déjeuner | Crêpes au yaourt et aux baies | 258 |
| Dîner | Crevettes. Soupe à la tomate et au riz | 456 |
| Souper | Salade de quinoa et de pistaches à la groseille | 248 |
| | Total des calories : | 962 |

## 10ème jour

| | Plat | Contenu calorique |
|---|---|---|

| | | |
|---|---|---|
| Petit déjeuner | Scones de la Méditerranée | 293 |
| Dîner | Boulettes de viande de dinde Gyro | 429 |
| Souper | Salade grecque facile | 293 |
| | Total des calories : | 1015 |

11ème jour

| | Plat | Contenu calorique |
|---|---|---|
| Petit déjeuner | Granola Pistache Pudding | 330 |
| Dîner | Saumon grillé avec olives et thym | 493 |
| Souper | Salade de chou-fleur avec vinaigrette au tahini | 165 |
| | Total des calories : | 988 |

Douzième jour

| | Plat | Contenu calorique |
|---|---|---|
| Petit déjeuner | Pudding au yaourt de Chia | 263 |
| Dîner | Pommes de terre et courgettes cuites au four, | 534 |
| Souper | Soupe de poires et de citrouilles | 223 |
| | Total des calories : | 1020 |

13ème jour

| | Plat | Contenu calorique |
|---|---|---|
| Petit déjeuner | Raisin et fromage de chèvre aux baies de blé | 326 |
| Dîner | Salade de citron sur un lit de haricots de Lima | 340 |
| Souper | Pizza au chou-fleur | 331 |
| | Total des calories : | 997 |

Quatorzième jour

| | Plat | Contenu calorique |
|---|---|---|

| | | |
|---|---|---|
| Petit déjeuner | Quinoa au gingembre et aux bananes | 213 |
| Dîner | Moules, olives et pommes de terre | 345 |
| Souper | Salade bulgare | 386 |
| | Total des calories : | 944 |

Le plan de repas préparé pour vous dans ce livre ne contient que 1000 calories. Un niveau savoureux et sain à maintenir se situe entre 1000-1500 calories, alors n'hésitez pas à grignoter et à prendre plusieurs boissons entre les deux.

**Café**

- Café noir 0 calorie
- Café à la crème et au sucre 32 calories
- Café au lait écrémé 15 calories
- Café au lait entier de 28 calories

**Fruits (environ 100 calories)**

- 2 pommes
  101 calories

- 6 abricots
  101 calories

- 1 banane
  105 calories

- 1 ½ tasse de mûres
  100 calories

- 1 ¼ tasse de myrtilles
  97 calories

- 2 tasses de melon
  106 calories

- 20 cerises
  103 calories

- 2 ¼ myrtilles
  98 calories

- 30 raisins
  101 calories

- 1 ¼ pamplemousse
  95 calories

- 1 ¾ tasses de miellat
  98 calories

- 2 kiwis
  93 calories

- 1 tasse de mangue
  107 calories

- 2 oranges
  90 calories

- 2 tasses de papaye, 109 calories

- 2 ½ pêches 96 calories

- 1 poire 96 calories

- 3 prunes 91 calories

- 1 ¼ tasse d'ananas 103 calories

- ½ grenade 117 calories

- 1 ½ tasse de framboises 99 calories

- 25 fraises 96 calories

- 2 tasses de pastèque 100 calories

**Noix (50 grammes)**

- Châtaignes 101 calories

- Noix de cajou 275 calories

- Pistaches

    275 calories

- Cacahuètes

    283 calories

- Amandes

    288 calories

**Vin (5 oz)**

- Vin rouge 121-129 calories
- Vin blanc 105-123 calories
- Vin doux 105-165 calories

# Lignes directrices pour l'élaboration d'un plan de repas

Ce chapitre donne un exemple de plan de repas sur 14 jours. Vous pouvez l'utiliser comme un guide pour construire le vôtre.

- **Rendre les repas flexibles.** Même si vous pensez avoir bien planifié les choses, la vie est pleine de surprises, et vous devrez peut-être vous écarter du plan (de temps en temps). Vous pouvez échanger des repas ou changer des choses. Vous pouvez également sortir pour le déjeuner ou le Souper. N'en faites pas tout un plat.

- **Vérifiez votre garde-manger et votre réfrigérateur.** Pour éviter un gaspillage alimentaire excessif, veillez à modeler votre plan de repas sur les ingrédients que vous avez déjà dans votre cuisine. Vous pouvez explorer différentes recettes, mais ne cherchez pas des recettes avec des ingrédients uniques que vous n'utiliserez pas autant.

- **Il commence à créer son recueil de recettes.** Lorsque vous créez votre plan de repas, vous recueillez des recettes. C'est une bonne idée de commencer à constituer votre collection. Vous pouvez les écrire sur des cartes et les mettre dans une boîte. Vous pouvez collecter des coupures de presse ou les imprimer à partir de sites web, puis les rassembler dans un livre clair. L'important est de les conserver au même endroit, afin de vous permettre de planifier plus facilement vos repas.

- **Organisez des soirées à thème.** Si vous voulez commencer les traditions gastronomiques pour que la maison participe, vous pouvez faire des soirées à thème. Le lundi peut être la "nuit des pâtes", le mardi la "nuit de la soupe", le mercredi la "nuit des haricots" et ainsi de suite. Ce sera votre guide dans la planification de votre repas. Et cela permettra d'économiser beaucoup d'efforts.

- **On n'est pas toujours obligé de cuisiner.** Contrairement à ce que beaucoup de gens pensent de la planification des repas. Il n'est pas nécessaire de préparer la nourriture tout le temps. La planification des repas est le processus qui consiste à établir votre menu pour une période déterminée afin de vous faire économiser de l'argent et des efforts. Mais sachez que vous pouvez commander des repas à vos restaurants ou vendeurs préférés. Vous pouvez même prévoir un Souper en plein air. Comme si vous mangiez normalement au restaurant le week-end, mettez-le dans vos plans.

- **Pratiquez la cuisson par lots.** La cuisson par lots est une stratégie efficace de cuisine domestique qui consiste à cuire les repas à l'avance et à les "congeler" pour les utiliser plus tard. Cela vous fera gagner beaucoup de temps chaque jour, car vous aurez une journée pour les faire cuire et les congeler.

La vérité est que la planification des repas sera stressante au début, mais une fois que vous aurez pris le coup de main, les choses seront très simples. Ces conseils vous aideront à prendre un bon départ dans votre nouveau style de vie et vous permettront de gagner la partie. Bonne chance !

## Conclusion

Vous êtes ce que vous mangez. Vous devriez maintenant avoir décidé du type de vie que vous voulez mener, car ce sont vos décisions qui dicteront la direction que prendra votre vie. Vous avez peut-être essayé plusieurs régimes, mais rien n'a fonctionné. Vous devriez savoir maintenant que le régime méditerranéen est plus que la nourriture dans votre assiette. Il vous apprend à apprécier la nourriture que vous mangez et à le faire en compagnie de vos proches.

Rester en bonne santé et perdre du poids n'est pas une question de famine et de restrictions alimentaires de toutes sortes. Le régime méditerranéen favorise un mode de vie qui englobe la discipline par une alimentation consciente et l'exercice physique.

Les avantages pour la santé de suivre le mode de vie méditerranéen sont immenses. Elle offre des avantages holistiques qui favorisent un bien-être physique, mental, émotionnel et social optimal. Aucun autre n'est aussi sain et chargé positivement que celui-ci. Prenez donc ce que vous avez appris dans ce livre et commencez votre voyage par un excellent départ.

## Derniers Mots

Merci encore d'avoir acheté ce livre.

Nous espérons que ce livre pourra vous aider.

L'étape suivante consiste à vous inscrire à notre lettre d'information électronique pour recevoir des informations sur les nouvelles parutions ou les promotions. Vous pouvez vous inscrire gratuitement, et en prime, vous recevrez également notre livre "7 erreurs de conditionnement physique que vous ne savez pas que vous faites" ! Ce livre bonus présente les erreurs les plus courantes dans le domaine du conditionnement physique et démystifiera les nombreuses complexités et la science du conditionnement physique. Le fait d'avoir organisé toutes ces connaissances et cette science du conditionnement physique dans un livre d'action vous aidera à prendre la bonne direction dans votre voyage de remise en forme ! Pour vous inscrire à notre bulletin d'information électronique et obtenir votre livre gratuit, veuillez consulter le lien et vous inscrire :
www.effingopublishing.com/gift

Enfin, si vous avez aimé ce livre, nous aimerions vous demander une faveur, auriez-vous l'amabilité de nous laisser une critique pour ce livre ? Merci et bonne chance pour votre voyage !

# À Propos Des Co-auteurs

Nos noms sont Alex et George Kaplo ; nous sommes tous deux des entraîneurs personnels certifiés de Montréal, au Canada. Nous commencerons par dire que nous ne sommes pas les meilleurs que vous rencontrerez jamais, et que cela n'a jamais été notre objectif. Nous avons commencé à travailler pour surmonter notre plus grande insécurité quand nous étions plus jeunes, qui était la confiance en soi. Peut-être que vous traversez des difficultés en ce moment, ou peut-être que vous voulez vous mettre en forme, et nous pouvons certainement nous entendre.

Nous avons toujours été intéressés par le monde de la santé et de la forme physique et nous voulions gagner un peu de muscle à cause des nombreuses brimades que nous avons subies pendant notre adolescence. Nous avons pensé que nous pouvions faire quelque chose pour l'apparence de notre corps. Ce fut le début de notre voyage de transformation. Nous n'avions aucune idée par où commencer, mais nous avons tous les deux commencé. Parfois, nous nous inquiétions et craignions que d'autres personnes se moquent de nous parce que nous faisions les exercices incorrectement. Nous avons toujours voulu avoir un ami pour nous guider et nous montrer les ficelles du métier.

Après beaucoup de travail, d'études et d'innombrables essais et erreurs. Certaines personnes ont commencé à remarquer que nous étions tous les deux en bonne forme et que nous commencions à nous intéresser au sujet. Cela a amené de nombreux amis et de nouveaux visages à venir nous voir pour nous demander des conseils de conditionnement physique. Au début, cela semblait étrange lorsque les gens nous demandaient de les aider à se mettre en forme. Mais ce qui nous a permis de continuer, c'est quand ils ont commencé à voir des changements dans leur propre corps et nous ont dit que c'était la première fois qu'ils voyaient de vrais résultats ! À partir de ce moment, de plus en plus de gens sont venus nous voir, et cela nous a fait réaliser, après tant de lectures et d'études dans ce domaine, que cela nous aidait, mais que cela nous permettait aussi d'aider les autres. Jusqu'à présent, nous avons formé et responsabilisé de nombreux clients avec des résultats assez étonnants.

Aujourd'hui, nous possédons et gérons cette maison d'édition, où nous faisons appel à des écrivains passionnés et experts pour écrire sur les questions de santé et de forme physique. Nous avons également une entreprise de conditionnement physique en ligne et nous aimerions vous contacter en vous invitant à visiter le site web à la page suivante et à vous inscrire à notre bulletin d'information électronique (vous recevrez même un livre gratuit).

Enfin, si vous vous trouvez dans la situation où nous étions dans le passé et que vous souhaitez être guidé, n'hésitez pas à nous le demander - nous serons là pour vous aider !

Vos entraîneurs,

**Alex y George Kaplo**

# Télécharger un autre livre gratuitement

Nous tenons à vous remercier d'avoir acheté ce livre et vous offrons un autre livre (aussi long et précieux que celui-ci), "Les erreurs de santé et de conditionnement physique que vous ne savez pas que vous faites", entièrement gratuit.

Visitez le lien suivant pour vous inscrire et le recevoir :

www.effingopublishing.com/gift

Dans ce livre, nous décortiquerons les erreurs les plus courantes que vous faites probablement en ce moment en matière de santé et de conditionnement physique, et nous vous révélerons comment vous pouvez rapidement retrouver la meilleure forme de votre vie !

En plus de ce cadeau précieux, vous aurez également la possibilité d'obtenir gratuitement nos nouveaux livres, de participer à des concours et de recevoir d'autres courriels utiles de notre part. Une fois de plus, visitez le lien pour vous inscrire :

www.effingopublishing.com/gift.

# Copyright 2019 par Effingo Publishing - Tous droits réservés.

Le présent document des Éditions Effingo, propriété de A&G Direct Inc., a pour but de fournir des informations précises et fiables sur le sujet et l'objet de ce document. La publication est vendue à condition que l'éditeur ne soit pas tenu de fournir des services de comptabilité officiellement autorisés ou autrement qualifiés. Si un conseil juridique ou professionnel est nécessaire, une personne doit recevoir l'instruction d'exercer la profession.

Une déclaration de principes qui a été acceptée et approuvée à parts égales par un comité de l'American Bar Association et un comité d'éditeurs et d'associations.

En aucun cas, il n'est légal de reproduire, dupliquer ou transmettre une partie quelconque de ce document sous forme électronique ou imprimée. L'enregistrement de cette publication est strictement interdit, et aucun stockage de ce document n'est autorisé sans l'autorisation écrite de l'éditeur. Tous droits réservés.

Les informations fournies ici sont considérées comme vraies et exactes dans la mesure où toute responsabilité, que ce soit pour négligence ou autre, pour toute utilisation ou mauvais usage de toute politique, processus ou instruction contenue dans ce document est la seule et absolue responsabilité du lecteur visé. En aucun cas, l'éditeur ne peut être tenu responsable de toute compensation, dommage ou perte monétaire découlant directement ou indirectement de l'information contenue dans ce document.

Les informations fournies ici le sont à titre indicatif et sont donc universelles. La présentation des données ne fait l'objet d'aucun contrat ou garantie d'aucune sorte.

Les marques utilisées n'ont pas de consentement, et la publication de la marque est faite sans la permission ou l'approbation du propriétaire de la marque. Toutes les marques et marques déposées mentionnées dans ce livre le sont à des fins de clarification uniquement et sont la propriété des propriétaires eux-mêmes, qui ne sont pas affiliés à ce document.

Pour plus de livres intéressants, visitez le site :

EffingoPublishing.com

www.ingramcontent.com/pod-product-compliance
Lightning Source LLC
Chambersburg PA
CBHW071813080526
44589CB00012B/778